人と組織を育てる
コミュニケーション・トレーニング

諏訪　茂樹　著

日本経団連出版

はじめに

　インフォメーション・テクノロジーのめざましい発展により，私たちのコミュニケーションは便利になる一方です．しかし，どれだけテクノロジーが発展しても，フェイス・ツー・フェイスでなければ伝えられないメッセージも少なくありません．また，インターネットや電子メールによるコミュニケーションが普及すればするほど，むしろフェイス・ツー・フェイスのコミュニケーションは重要な戦略的切り口となるはずです．

　筆者はコミュニケーション論，人間関係論，集団・組織論などを専門として，これまでにビジネス，医療，福祉などの領域で対人サービス職の教育に携わってきました．対人サービス職にとって，フェイス・ツー・フェイスのコミュニケーションが重要な戦略的切り口になることは，いうまでもありません．そして，そのコミュニケーション能力を効果的に改善・向上するには，机上の学習だけでは不十分であり，実体験を通した学習が不可欠なのです．

　コミュニケーションは，ただメッセージをやり取りするだけでなく，さらにメッセージのやり取りを通して個人や集団・組織に大きな影響を及ぼします．そこで本書では，「Ⅰ　コミュニケーション効果」で，どのようなメッセージがどのような影響を及ぼすのかについて，いくつかの設問をまじえながら整理し，あわせてトレーニングを実施するうえでの留意点をまとめます．そのうえで「Ⅱ　コミュニケーション・トレーニング20」で，効果的なコミュニケーションを実現するための20のトレーニング法を紹介します．

　本書は，「人材教育」（日本能率協会マネジメントセンター刊）に連載された「研修でそのまま使えるコミュニケーション・トレーニング」の原稿に加筆したものです．連載でお世話になった根本英明氏をはじめ，「人材教育」編集部のみなさまに厚くお礼申し上げます．

　また，本書の編集・発行にご尽力いただきました日経連出版部のみなさまに心より感謝いたします．

　2000年8月

諏訪　茂樹

目次

はじめに

Ⅰ　コミュニケーション効果
1. コミュニケーションとは ………………………………………… 8
2. 敬語が伝えるもの ………………………………………………… 9
3. 喜ばれる言葉と嫌われる言葉 …………………………………… 12
4. 対面コミュニケーションの3要素 ……………………………… 16
5. 準言語的コミュニケーション …………………………………… 18
6. 非言語的コミュニケーション …………………………………… 20
7. コミュニケーションの事例研究 ………………………………… 23
8. 集団・組織に与える影響 ………………………………………… 28
9. 効果的なトレーニング法 ………………………………………… 31
10. トレーニングの企画と運営 ……………………………………… 33

Ⅱ　コミュニケーション・トレーニング20
1. ア行（母音）トーク ……………………………………………… 40
2. サイレントトーク ………………………………………………… 46
3. 単方向・双方向コミュニケーション …………………………… 50
4. 促し＆繰り返しの技法トレーニング …………………………… 59
5. 要約の技法トレーニング ………………………………………… 64
6. 質問の技法トレーニング ………………………………………… 68
7. 共感の技法トレーニング ………………………………………… 74

8	価値交流学習	……………………………………………………	82
9	主張トレーニング	…………………………………………	88
10	協力ゲーム	………………………………………………………	97
11	ブラインドワーク	…………………………………………	103
12	ブラインドウォーク	………………………………………	107
13	助言トレーニング	…………………………………………	113
14	栄養学教室	………………………………………………………	121
15	ブレーンストーミング	……………………………………	129
16	自由連想ゲーム	……………………………………………	136
17	性格フィードバック	………………………………………	143
18	守護霊プレイ	…………………………………………………	154
19	ポジティブ・フィードバック	……………………………	162
20	いままでに出会った人々	…………………………………	168

表紙カバーデザイン──キタ・スタジオ

I
コミュニケーション効果

1 コミュニケーションとは

語源は「共有する」こと

　私たちは日常会話のなかで，英語のコミュニケーション（communication）という言葉を頻繁に使っていますが，そもそもコミュニケーションとは，いったい何なのでしょうか．

　コミュニケーションの語源はラテン語の communicare（共有すること）であり，本来は熱の伝導やウイルスの感染をも意味する広い概念です．つまり，物体や生物の間で何かを伝えて共有する（同じになる）ことが，すべてコミュニケーションなのです．

　社会科学の領域では，コミュニケーションという言葉が対人行動とほぼ同じものとして使われています．つまり，コミュニケーションとは，物・お金・情報などの提供（もしくは交換），保護や攻撃，結婚など，人が人に対して行なう働きかけのすべてであり，それは人間対人間だけにとどまらず，集団対集団や社会対社会の働きかけなども含みます．

　このようにコミュニケーションという言葉は幅広い意味で使われますが，本書で取り上げるのは，いうまでもなく人間対人間の対人コミュニケーション（interpersonal communication）です．しかもそれは，対人行動全般ではなく，送り手となったり受け手となったりしながら，さまざまなメッセージをやり取りして共有するという側面です．

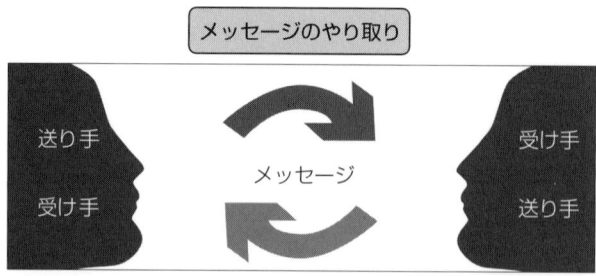

2 敬語が伝えるもの

尊敬のメッセージが満足感を生む

　コミュニケーションはメッセージのやり取りですが，自分が相手に対して送るメッセージは，相手の認知，感情，思考，行動などに影響を及ぼします．同様に，相手が自分に対して送るメッセージも，自分に何らかの影響を及ぼします．コミュニケーションはメッセージのやり取りだけで終わるのではなく，個人に変化をもたらすのです．

　たとえば対人サービス業に従事する人々（human service professionals）にとって，敬語は必修ですが，それは敬語が相手に対する尊敬の気持ちをメッセージとして伝えるからです．尊敬の気持ちが伝わると，多くの人は満足感を抱き，気持ちよくサービスを利用できます．逆に，ぶっきらぼうで「お役所的」な言葉づかいには，多くの人が不快感を抱き，サービスの利用や再利用を拒否する行動につながるのです．

　みなさんは敬語をどの程度，修得されているでしょうか．ぶっきらぼうな表現を下に例示しましたので，それぞれについて，どのように言い換えれば敬語表現になるのかを考えてみてください．

ぶっきらぼうな表現

1．「どこに（だれに）用ですか」
2．「何の用ですか」
3．「だれですか」
4．「えっ，何ですか」
5．「わかりました」
6．「ちょっと待ってください」
7．「いま，見てきます」
8．「いま，すぐきます」
9．「いま，席にいません」
10．「こちらで何か聞いていますか」
11．「用件を聞いておきます」
12．「言っておきます」
13．「こっちから行きます」
14．「すみませんが」
15．「ありません」
16．「わかりません」
17．「どうも，すみません」
18．「どうしますか」
19．「いいですか」
20．「聞いてみてください」
21．「電話してもらえませんか」
22．「もう一度，きてもらえませんか」
23．「なんとかしてください」

いかがでしたか．それぞれに対応する敬語表現の例は，次のとおりです．ここに示す言葉はあくまでも一例であり，ほかにもいろいろな言い方があります．

敬語表現

1. 「どちらにご用でございますか」
2. 「どのようなご用件でしょうか」
3. 「恐れ入りますが，どなた様でしょうか」
4. 「申し訳ございませんが，もう一度お願いできますでしょうか」
5. 「かしこまりました」「承知いたしました」
6. 「少々お待ちいただけますでしょうか」
7. 「ただいま，見て参ります」
8. 「ただいま，すぐに参ります」
9. 「ただいま，席を外しております」
10. 「私どもで何か承っておりますでしょうか」
11. 「ご用件を承ります」
12. 「申し伝えます」
13. 「こちらからお伺いいたします」「こちらから参ります」
14. 「恐れ入りますが」「申し訳ございませんが」
15. 「ございません」
16. 「わかりかねます」「存じません」
17. 「まことに申し訳ございません」
18. 「いかがいたしましょうか」
19. 「よろしいでしょうか」
20. 「お聞きいただけますでしょうか」
21. 「お電話をおかけいただけますでしょうか」
22. 「もう一度お越しいただけますでしょうか」
23. 「ご配慮いただけますでしょうか」

電話での敬語表現の例も紹介しておきましょう．1～6は電話を受ける際の言葉づかいであり，7～11は電話をかける際のものです．

敬語表現

1. 電話に出る
   「お待たせいたしました．○○でございます」
2. 自分を名乗り，相手を尋ねる
   「私○○と申しますが，失礼ですが，どちら様でしょうか」
3. 相手の用件を尋ねる
   「どのようなご用件でしょうか」
4. 詳しいことがわかる者に代わる
   「私にはわかりかねますので，他の者と代わらせていただきます」
5. 電話が済むまで待ってもらう
   「△△はただいま別の電話に出ておりますのでこのままお待ちいただけますでしょうか」
6. 伝言を受ける
   「承知いたしました．私は○○と申しますが，△△が戻りましたら，□□様からお電話いただきましたことを，確かに伝えます」
7. 電話をかけ，相手を呼び出す
   「私○○と申しますが，□□様はいらっしゃいますでしょうか」
8. 用件を伝える
   「～の件でお電話を差し上げましたが，ただいま，よろしいでしょうか」
9. 相手がいない（不都合な）とき
   「もう一度お電話を差し上げたいのですが，いつ頃がよろしいでしょうか」
10. 伝言を依頼する
    「恐れ入りますが，お言付けをお願いできませんでしょうか」
11. 最後に
    「ありがとうございます．失礼いたしました」

3 喜ばれる言葉と嫌われる言葉
相手本位か自分本位か

　敬語を完璧に修得し，間違いなく使いこなしたとしても，相手が必ず満足するとはかぎりません．慇懃無礼という言葉があるように，言葉づかいは丁寧でも，相手を不快にさせることがあるのです．相手に満足してもらうためには，敬語のほかに何が必要なのでしょうか．

　介護スタッフがよく使う「声かけ」の言葉に対して，介護サービスの利用者がどのように思っているのかを明らかにしようと，かつて筆者は介護福祉士養成校の学生とともに，特別養護老人ホームで面接調査したことがあります．特別養護老人ホームの利用者が面接の対象であったために，調査に時間がかかり，回答者は88名だけでした．それでも集計してみると，喜ばれる言葉と嫌われる言葉の特徴がはっきりと表われました．

　どのような言葉が喜ばれ，どのような言葉が嫌われるのかは，あとで整理します．まずはみなさん自身で考えてみてください．右頁にあげたような言葉をかけたとして，どれぐらいの利用者（介護サービスを利用する高齢者）が喜ぶと思いますか．8つの場面ごとに「声かけ」の言葉を3例ずつ示しましたので，それぞれについて，a～dのどれかに〇をつけてください．

　aは「ほとんどの利用者が喜ぶ」(75％以上)，bは「半数を超える利用者が喜ぶ」(50～74％)，cは「喜ぶ利用者は半数を割る」(25～49％)，dは「喜ぶ利用者はわずかである」(24％以下)です．

　正解は14頁に示しました．何問正解したか，数えてみてください．

　❶喜ばれる言葉

「次のように声をかけられたとしたら，どのように思いますか」という質問に対して，75％以上の利用者が「うれしい」と答えた言葉を拾っていくと，喜ばれる言葉の第一の特徴として，利用者本位の言葉があげられます．たとえば食事介助時の「ゆっくり召し上がってください」，廊下などでの接触時の「何かご用はないですか」，消灯時の「用事があったらナースコール鳴らしてね」などの表現です．あくまでも利用者を基準にして，利用者の利益に配慮した言

どれくらい喜ばれるでしょう

〔起床時の声かけ〕
1. ○○さん，よく眠れましたか　　　　　　　　　　　a b c d
2. 時間ですよ　　　　　　　　　　　　　　　　　　　a b c d
3. 早くから起きているわね．もっと寝てればいいのに　a b c d

〔着替え介助時の声かけ〕
4. 早く脱いでちょうだい　　　　　　　　　　　　　　a b c d
5. 自分でできるところまではがんばってね　　　　　　a b c d
6. とてもすてきですよ　　　　　　　　　　　　　　　a b c d

〔食事介助時の声かけ〕
7. ゆっくり召し上がってください　　　　　　　　　　a b c d
8. 早く食べてよ　　　　　　　　　　　　　　　　　　a b c d
9. 全部食べないと栄養が取れないですよ　　　　　　　a b c d

〔排泄介助時の声かけ〕
10. たくさん出ましたよ．よかったわね　　　　　　　a b c d
11. くさいわね．におうわ　　　　　　　　　　　　　a b c d
12. おなかの具合はどうですか　　　　　　　　　　　a b c d

〔入浴介助時の声かけ〕
13. もう少し待っててね．すぐにあなたの番だから　　a b c d
14. あぁ重いわね．どっこいしょ　　　　　　　　　　a b c d
15. 湯加減はいかがですか．熱いですか，ぬるいですか　a b c d

〔廊下などでの接触時〕
16. 何かご用はないですか　　　　　　　　　　　　　a b c d
17. がんばってくださいね　　　　　　　　　　　　　a b c d
18. のんきでいいわね　　　　　　　　　　　　　　　a b c d

〔体位交換時の声かけ〕
19. 枕（布団など）は，これでいいですか　　　　　　a b c d
20. （無言で）　　　　　　　　　　　　　　　　　　a b c d
21. 今度はこっち向くのよ　　　　　　　　　　　　　a b c d

〔消灯時の声かけ〕
22. 楽しい夢をみてください　　　　　　　　　　　　a b c d
23. 用事があったらナースコール鳴らしてね　　　　　a b c d
24. 勝手に起きて動き回らず，おとなしくしててよ　　a b c d

　　　　　　　　　　　　　　　　　正解数　（　　　）

「どれくらい喜ばれるでしょう」正解			
起床時	1＝a（96.6％）	2＝b（63.3％）	3＝c（44.3％）
着替え介助時	4＝d（17.7％）	5＝b（73.3％）	6＝a（86.6％）
食事介助時	7＝a（95.4％）	8＝d（13.2％）	9＝b（68.8％）
排泄介助時	10＝b（69.9％）	11＝d（7.7％）	12＝a（77.7％）
入浴介助時	13＝b（74.3％）	14＝d（16.6％）	15＝a（94.3％）
廊下などでの接触時	16＝a（89.8％）	17＝a（97.7％）	18＝c（27.7％）
体位交換時	19＝a（75.4％）	20＝d（8.8％）	21＝d（19.9％）
消灯時	22＝a（96.6％）	23＝a（91.0％）	24＝d（16.5％）

資料：諏訪（1992）

葉に，多くの利用者が「うれしい」と答えているのです．

　利用者の利益に配慮するという意味では，ちょっとした気遣いや心配りの言葉も喜ばれます．気遣いとは，相手に不都合が生じていないか，何かと心配することです．たとえば起床時に「○○さん，よく眠れましたか」，排泄介助時に「おなかの具合はどうですか」と声をかけるのが，気遣いの具体的な表現です．また，心配りとは，なにかと細かい点にまで注意を払うことです．たとえば入浴介助時に「湯加減はいかがですか」，体位交換時に「枕（布団など）は，これでいいですか」などと声をかけるのが，具体的な表現です．

　さらに，相手を肯定的に評価する誉め言葉も喜ばれます．たとえば着替え介助時に，着替えた服装を「とてもすてきですよ」というのが誉め言葉の一例です．嫌みやお世辞でもないかぎり，誉められて嫌な気持ちになる人は少ないでしょう．

　なお，介護スタッフがよく使う「がんばってください」という言葉にも，ほとんどの利用者が「うれしい」と答えています．ただし，このような励ましの言葉は，実は毒にも薬にもなり，場合によっては嫌がられることも知っておく必要があります．どのようなときに励ましの言葉が嫌がられるのかは，またのちほど，詳しく考えていきたいと思います．

　❷嫌われる言葉

　喜ばれる言葉があれば，逆に嫌われる言葉もあります．利用者に嫌われる言葉を，次にまとめてみましょう．

　「うれしい」と答えた利用者が半数を割った言葉を拾っていくと，第一にあげ

られるのはスタッフ本位の言葉です．たとえば起床時の「早くから起きているわね．もっと寝てればいいのに」，着替え介助時の「早く脱いでちょうだい」，食事介助時の「早く食べてよ」，消灯時の「勝手に起きて動き回らず，おとなしくしててよ」などが，その例です．

　スタッフ本位になると，「ああしなさい」「こうしなさい」という指示的な言葉も頻繁に口にすることになります．先に紹介したスタッフ本位の言葉も，多くが同時に指示的な表現になっています．たとえば消灯時の「勝手に起きて動き回らず，おとなしくしててよ」は，勝手に動き回られると夜勤スタッフの仕事がふえてしまうために，「おとなしくしてなさい」という指示を出しているのです．

　さらに，たとえば体位交換時の「今度は，こっち向くのよ」という言葉は，「向くのよ」という言葉が指示的であるばかりでなく，「こっち」「あっち」という表現がスタッフを基準にした言葉であるために，命令調のように聞こえます．スタッフを基準にして「こっち」「あっち」といっても，たとえば目のみえない利用者には伝わらないでしょう．スタッフを基準にするのではなく，利用者を基準にして言葉を使わなければならず，そのためには，たとえば「今度は窓のほうをみましょう」とか，「今度は扉のほうを向きましょう」などと表現しなければならないのです．

　最後に，利用者に対する否定的な言葉も嫌われます．たとえば排泄介助時の「くさいわね．におうわ」や，入浴介助時の「あぁ重いわね．どっこいしょ」が，否定的な言葉の一例です．「くさい」というのは便を指しているのであって，本人についていったのではないと，弁解する人がいるかもしれません．それと同じように，「重い」も体重のことをいったのであり，利用者を批判したわけではないという人がいるかもしれません．しかし，状況と無関係な言葉は実際にはありえず，言葉の意味は状況によって左右されます．排泄介助という状況のなかで「くさい」と表現するのは，「便がくさい」にとどまらず，本人を非難することにつながりますし，同じように，入浴介助という状況のなかで「重い」は，利用者に対する否定的な評価につながるのです．

　自分本位であったり，指示的・命令的であったり，相手に対して否定的であったりすれば，どんなに言葉づかいが丁寧でも慇懃無礼になってしまうのです．

4 対面コミュニケーションの3要素
言語だけにとらわれるな

　敬語で喜ばれるメッセージを伝えているのに，それでも相手を不快にさせてしまうという誤解されやすい人がいます．そのような人は，言葉だけにとらわれず，語調や表情などもチェックしてみる必要があります．

　メッセージを相手に伝えようとするとき，私たちは言葉に大きく依存することになります．多様で複雑な言語を使ってコミュニケーションをはかることが，私たち人間の大きな特徴だといえます．ただし，言葉を発話する際には準言語レベルで音の長短，強弱，抑揚，それに発話の速さなどの語調をともない，これらが言葉の意味を強めたり弱めたり，変えたりするのです．また，特に対面（face to face）した相手との言語的コミュニケーションでは，表情や動作といった非言語的レベルでの表現も，言葉に影響を及ぼすものとして無視できません．

　対面でのコミュニケーションの特徴は，言語，準言語，非言語の3つのチャネルで同時にメッセージが伝えられることです．そして，この3つのチャネルで伝えられるメッセージがどの程度，一致しているかによって，対面コミュニケーションは次の3パターンに分類できます．

　1つ目は完全一致のパターンで，3つのチャネルで同じメッセージを同時に伝えます．たとえば喜びを伝えようとすれば，言語では「うれしいわ」といい，準言語では語尾が上がり，非言語では笑顔になります（右図①）．また，怒りを伝えようとすれば，言語では「はらがたつ」といい，準言語では語頭が強まり，非言語では強面(こわおもて)になります（右図②）．このような完全一致のパターンにおいてのみ，メッセージの正確な伝達が可能なのであり，誤解されることのない効果的なコミュニケーションが実現されるのです．

　2つ目は不完全一致のパターンで，2つのチャネルで同じメッセージを伝えながら，1つのチャネルが別のメッセージを伝えます．たとえば言語では「うれしいわ」といい，準言語では語尾が上がっているのに，非言語の表情が強面なのです（右図③）．あるいは言語では「うれしいわ」といいながら，準言語

言葉と語調と表情		
①完全一致のパターン 　言葉：うれしいわ 　語調：→→→→↗ 　表情：(＾_＾)	②完全一致のパターン 　言葉：はらがたつ 　語調：●・・・・ 　表情：(｀ヘ´)	③不完全一致のパターン 　言葉：うれしいわ 　語調：→→→→↗ 　表情：(｀ヘ´)
④不完全一致のパターン 　言葉：うれしいわ 　語調：●・・・・ 　表情：(＾_＾)	⑤不完全一致のパターン 　言葉：うれしいわ 　語調：●・・・・ 　表情：(｀ヘ´)	⑥完全不一致のパターン 　言葉：うれしいわ 　語調：●・・・・ 　表情：(´ヘ｀)

では語頭が強まり，それでも非言語の表情は笑顔なのです（上図④）．もしくは言語では「うれしいわ」といいながら，準言語では語頭が強まり，非言語の表情も強面なのです（上図⑤）．このような不完全一致のパターンでは，2つのメッセージが同時に伝わるために，どちらが本当なのかと受け手が迷うことになります．そして，どちらかというと，意識的なコントロールの容易な言語よりも，コントロールのむずかしい準言語や非言語で，受け手は送り手の本音を読み取りがちです．

　3つ目は完全不一致のパターンで，3つのチャネルで三様のメッセージを同時に伝えます．たとえば言語では「うれしいわ」といいながら，準言語では語頭が強まり，さらに非言語では悲しげな表情をしているのです（上図⑥）．このようなパターンによるコミュニケーションは実際にはまれでしょうが，もしも送り手が完全不一致のパターンを示したならば，もはや本音の読み取りは不可能に近くなります．

　このように，メッセージを伝える際に言葉だけにとらわれていると，思わぬ誤解が生じることにもなります．言語，準言語，非言語という3つのチャネルで同じメッセージが伝わっているか，時には自分の語調や表情・動作などを点検してみることも必要でしょう．

5 準言語的コミュニケーション
語調ひとつでこれだけ違う

❶音の長短，強弱，抑揚

　たとえば「ありがとうございました」という言葉を相手にかける場面を想定して，右図①に示したA・B二通りで発話を試みてください．Aは音の長短に特徴があり，最後の「た」の音をのばします．Bは音の強弱に特徴があり，最後の「た」の音を強めるものです．

　二通りの発話を試みると，「ありがとうございました」と同じことをいっているにもかかわらず，伝達されるものが両者で明らかに異なることがわかります．前者のAでは心からの感謝の気持ちが伝わるのに対して，後者のBではぶっきらぼうになってしまうのです．

　このように優しさ，親しみ，愛情，感謝，喜びなどのプラスの感情は，語頭の音をのばしたり上げたりすることによって，効果的に表現することができます．それに対して語頭もしくは語尾の音を強めると，怒りや苛立ちといったマイナスの感情を伝えてしまうのです．

　「あの人はいつもツンケンしている」と，まわりから敬遠されている人がいます．そのような人の多くは，本人にそのつもりがなくても，無意識のうちに語尾もしくは語尾の音を強めてしまい，まわりにマイナスの感情を伝えているのです．

❷発話の速さ

　発話の際には，音の長短・強弱・抑揚のほかに，発話の速さをともないます．そして，この発話の速さも，言葉の意味に影響を及ぼす語調として無視できないものです．

　発話の速さを単純に「速い」「遅い」に分けて考えてみましょう．試しに「お待たせいたしました．どのようなご用件でしょうか」を，まるで早口言葉のように2秒ほどで発話してみてください．いかにも性急でせっかちな態度となり，何やら事務的もしくは流れ作業的な雰囲気になります．そして，伝えられたほうも，「早く応えなければ」と焦ってしまうのです（右図②）．

> 音の長短，強弱，速さ

①長短，強弱
　A：ありがとうございました
　　　――――――――――
　B：ありがとうございました
　　　・・・・・・・・・・●

②速　さ
　A：お待たせいたしました．どのようなご用件でしょうか
　　　――――― 2秒 ―――――
　B：お 待 た せ い た し ま し た．ど の よ う な ご 用 件 で し ょ う か
　　　――――――― 4秒 ―――――――

　それに対して，同じ言葉を先ほどの2倍の4秒ほどかけて，ゆっくりと発話してみてください．言葉の一つひとつが丁寧になり，余裕のある落ち着いた態度を伝えることができます．そして，余裕のある落ち着いた態度が伝わると，相手も安心して用件を話すことができるのです．

6 非言語的コミュニケーション
目は口ほどにものをいう

❶表 情

　顔に表われる表情は，非言語的コミュニケーションの代表といえます．そもそも表情とは，感情などの内面が身体の外部に表われたものですが，ここでは特に顔に限定して，表情の議論を進めていきたいと思います．

　たとえば対人サービス業に従事する人々にとって，基調となる表情は顔だといえます．いつもニコニコと笑顔を絶やさない人は，相手から好意を抱かれるでしょう．それに対して，いつも無表情であったり，不機嫌な表情をしている人は，敬遠されることになるのです．

　ところで，本人は笑顔で接しているつもりでも，その表情がなんとなく不自然なために，まわりから誤解されやすい人がいます．つまり，笑顔が優しさや楽しさの表現として相手に伝わらず，何か別の否定的なメッセージを伝えているのです．

　シュロスバーグ（Schlosberg, H.）の表情研究によると，右図に示したように，実は愛，幸福，楽しさなどの表情は軽蔑や驚きの表情と近接しており，混同されやすいということです．愛，幸福，楽しさなどを表わす自分の笑顔が，軽蔑や驚きの表情としてまわりの人に誤解されていないか一度，確認してみるのも無駄ではないでしょう．

　なお，笑顔がふさわしくない場面もあり，たとえば相手がひどくふさぎ込んでいたり，憤慨していたりするときにまでニコニコと笑顔で接すると，冷淡もしくは非礼な態度として受け取られます．

❷目線と視線

　「目は口ほどにものをいう」と表現されるように，目は表情を構成する中核的な要素ですが，ここでは目線と視線という2つの問題を考えてみましょう．

　目線とは目の高さのことで，私たち日本人は自分よりも目上の人に対して，低い目線で接しようとします．また，相手の目線が自分よりも高く，しかも相手が自分と対等か，自分よりも低い立場にある場合には，「人を見下すような

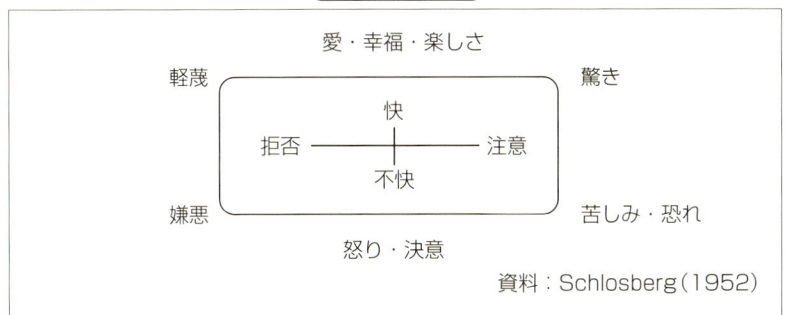

態度だ」などといって非難することもあります．つまり，私たちは自分と相手との上下関係に応じて，適切な目線を維持しようとするのであり，目線で相手に対する敬意を表わしたり，もしくは相手よりも自分が優位な立場にいることを誇示したりするのです．

お礼やお詫びを述べる際にも，私たちはおじぎをします．突っ立ったままより深々とおじぎをしたほうが，相手よりも目線が低くなり，感謝や謝罪の気持ちがうまく伝わるのです．

いずれにしても，相手よりも高い目線で接すると，尊大で横柄な態度に受け取られかねません．相手に対する尊敬の気持ちを表わす際には，相手よりも低い目線で接すると効果的です．また，契約にもとづく対等な関係であるならば，少なくとも相手と同じ高さの目線で接することが必要でしょう．

次に視線，すなわち目の方向について考えてみましょう．私たち日本人は目線と同様に，視線にも敏感だといえます．たとえば対人場面で相手にみつめられると，緊張する人が少なくありません．それは，人をじっとみつめるという行為が，私たち日本人には日常的ではなく，何か特別なことを意味するためなのかもしれません．

社会心理学者の井上忠司によると，ラテン系やアラブ系の人々は互いに視線を合わせながら会話をするのに対して，日本は視線をそらす文化の典型だということです．確かにフランス映画やイタリア映画では，男女が愛を語り合うとき，2人はしっかりと見つめ合っています．それに対して，伝統的な日本映画では，2人で海などの風景をみながら愛を語り合うシーンがめずらしくありません．

しかし，日本は視線をそらす文化だからといって，会話の相手と一度も視線を合わせないでいるのもやはり不自然です．相手の顔をじっと覗き込むのでもなく，逆に相手と一度も目を合わせないのでもなく，視線を合わせたりそらしたりと，適切なアイコンタクトをとるのが，私たちの会話では一般的であり，もっとも自然なコミュニケーションとなるのです．

❸動作と姿勢

非言語的コミュニケーションの最後に，動作と姿勢を考えてみましょう．

動作とは，動きのある身体反応です．たとえば，会話がつまらなくなると，ノック式のペンをカチカチ鳴らしたり，貧乏ゆすりを始めたりする人がいます．これらの動作は固着反応といわれ，欲求不満のときに無意味な反応の繰り返しとして表われます．

他方，姿勢とは動きのない身体反応です．たとえば腕を組んだ姿勢で相手と接する人がいます．腕組みはちょうどクルマのバンパーと同じ役割を果たしていて，何かに不安を感じているときの防衛反応のひとつなのです．電車のなかで，腕組みをしながら居眠りをしている人をよくみかけます．腕を組んで自分を守る姿勢をとることにより，見ず知らずの他人の前でも安心して眠れるのです．

手をポケットに入れた姿勢で相手と接するのも，ひとつの防衛反応といえます．私たちは人前で宣誓するときに，自分の手の平を相手にみせます．それは，「うそ偽りはありませんので，私の心の中をみてください」という意味なのです．恥ずかしいときや自信がないとき，あるいは後ろめたいときなど，何かの理由で心の中をみられたくないときは，手をポケットに入れたり，自分の背後に回したりして，とかく手の平を隠そうとするのです．

固着反応や防衛反応は，対人場面では避けなければなりません．これらの反応が自分や相手に表われるようでは，効果的なコミュニケーションを望むことができないのです．

コミュニケーション効果を高める身体反応として，たとえば反響姿勢をあげることができます．まるで鏡に映したように，2人がほぼ同じ姿勢で向かい合っている場面をたびたびみかけますが，2人の心が通い合うほど姿勢も似てくるもので，それを反響姿勢と呼びます．相手が足を組んだら自分もさりげなく足を組み，相手がお茶に手をのばしたら自分もお茶に手をのばす．そうしているうちに，相手と自分の心が次第に通い合ってくることでしょう．

7 コミュニケーションの事例研究
具体的なケースで考えてみよう

　言語と準言語と非言語とに分けて，コミュニケーション上の留意点を述べてきましたが，ここで具体的なケースを通して，さらに理解を深めていきましょう．25頁にあげたような相手に対して，みなさんはどのような言葉をかけますか．ケース1～3のそれぞれについて，ご自身の具体的な話し言葉を考えてみてください．

　❶相手の気持ちに耳を傾ける

　相手の言葉を「きく」際には，二通りの「きき方」，つまり「聞く」と「聴く」があります．英語でも，hearとlistenがあり，受動的に聞く場合には前者を，能動的に聴く場合には後者を使います．

　相手の言葉を額面どおり，受動的に聞いていては，相手からのメッセージを十分に受け取ることはできません．言葉の奥にある相手の気持ちにまで耳を傾けながら，相手の言葉を能動的に聴くことが大切です．

　ケース1のAさんは，「若い人はいいね．いつも元気で」といいました．このAさんの言葉を額面どおりに聞くならば，「誉められた」とか，「うらやましがられた」などと受け取ることができます．しかし，ケース1の文章をよく読むと，「少々語気を荒くして」と書いてあります．もしも誉めたりうらやましがったりしているのであれば，語気を荒くしていったりしないでしょう．語気を荒くしていうのは，怒っているときです．

　怒っているAさんに，「Aさんもまだ若いじゃないですか」とか，「Aさんも一緒にいかがですか」などと声をかけたら，おそらくAさんをさらに怒らせてしまうでしょう．言葉の奥にあるAさんの気持ちに対して言葉を返す必要があり，そのためには「騒がしかったでしょうか．申し訳ございません」という言葉がふさわしいのです．

　ケース2についても同様です．Bさんは浮かぬ顔をして，「あなたは立派ですね」といったわけです．つまり，Bさんは単に誉めているのではなく，その言葉の背後にBさんの劣等感があると思われます．そうすると，「私なんて，

たいしたことないですよ」などと、照れている場合ではありません。たとえば「Bさんのご経験やお仕事ぶりも、ご立派だと思いますよ」などと、Bさんの気持ちに言葉を返すことが望まれるのです。

「対面コミュニケーションの3要素」で前述したとおり、言葉だけにとらわれていると、コミュニケーションを深めていくことはできません。意識的なコントロールが容易な言葉よりも、コントロールがむずかしい語調や表情などに、相手の本音が表われやすいのです。

❷自己決定を促す

相手の言葉に耳を傾けてみると、相手が選択や決心を必要とする問題に直面していることも、よくあります。「AにしようかそれともBにしようか」が選択の問題であり、「AをしようかそれともAをやめようか」が決心の問題です。

選択や決心の問題に対して、「Aにしなさい」とか「Bにしなさい」といえば、指示を出したことになります。また、「Aにしたらどう」とか「Bにしたらどう」といえば、助言したことになります。このような指示や助言も、相手の自立度が低い場合や、相手が抱えている問題が一刻を争うような場合には、必要になるでしょう。しかし、「喜ばれる言葉と嫌われる言葉」でも述べたように、指示的な言葉は嫌われることが少なくありません。特にケース3のように、相手の自立度が高く、しかもプライベートな問題ともなれば、指示や助言よりも自己決定を促すほうが望ましいでしょう。

選択や決心の問題で自己決定を促すためには、まずは第1段階として、「Aを選んだ場合には、どうなりますか。どのようなことが期待でき、どのような点が心配ですか」と尋ねて、Aを選択・決心した場合のことを十分に考えてもらいます。次に第2段階として、「B（もしくは not A）を選んだ場合は、どうなりますか。どのようなことが期待でき、どのような点が心配ですか」と尋ねて、Bを選択・決心した場合のことも十分に考えてもらいます。そして、AとB (not A) の両方を十分に考えたのちに、最後の第3段階として、「それではAにしますか、それともB (not A) にしますか」と、自己決定を促すのです。この過程はけっして短時間で済ませるわけにはいかず、よりよい自己決定のためには、第1段階と第2段階で、十分な情報を提供する必要があります。

ケース3のCさんに自己決定を促すためには、たとえば次のようなかかわり方となります。まず第1段階として、「もしも恋人のいうとおり、退職して

どのような言葉をかけますか

ケース1　あなたの上司であるもの静かな初老のAさんは，ある日，「若い人はいいね．いつも元気で」と，あなたに対して少々語気を荒くしていいました．あなたはAさんに，どのように応えますか．

ケース2　あなたより年上のベテランのスタッフであるBさんは，仕事に対して熱心でまじめに働いていますが，ある日，あなたに向かって「あなたは立派ですね．まだ若いのに，学歴も資格もあって」と，浮かぬ顔をしていいました．あなたはBさんに，どのように応えますか．

ケース3　入職してから5年目となる中堅の女性スタッフCさんは，以前から交際していた恋人とそろそろ結婚しようと考えているのですが，その恋人から「結婚したら家庭に入ってくれ」といわれたとのことで，とても迷っています．Cさんは女性も経済力をつけるべきだと考えており仕事にもやりがいを感じているようです．いくら話し合っても，恋人とは平行線とのことです．あなたはCさんに対して，どのような言葉をかけますか．

ケース4　少々気の弱い新人のDさんは，はじめて担当することになった顧客とうまくいかず，たびたびどなられているようです．今日は書類を投げつけられたとのことで，いつも以上にひどく落ち込んでおり，とうとう「仕事を辞めたい」と言い出しました．あなたはDさんに，どのような言葉をかけますか．

ケース5　資格試験の合格をめざして長年努力してきたEさんは，昨日の発表で不合格が明らかとなり，食事も喉を通らないほど，ひどく落ち込んでいます．あなたはEさんに，どのような言葉をかけますか．

家庭に入ったら，どのようなことが予測できますか．どのようなことが楽しみで，どのようなことが心配ですか」と質問して，結婚退職した場合のことを考えてもらいます．次に第2段階として，「もしも退職せずに働き続けたならば，どのようなことが予測されますか．恋人はどのように反応すると思いますか．あなた自身はどうですか」と質問して，仕事を継続した場合のことも考えてもらいます．最後に第3段階として，「それでは家庭に入りますか．それとも仕事を続けますか」と尋ねて，自己決定を促すのです．

❸励ます前に，まず共感する

自己決定を促すための前提条件は，相手に理性的・現実的な能力が備わっていることです．相手が感情的になっているとすれば，理性的・現実的な能力を期待することはできません．感情が心の中を支配しているために，理性が十分に発揮されないのです．

ところで，「喜ばれる言葉と嫌われる言葉」のところでも触れたように，「がんばってください」という励ましの言葉は，毒にも薬にもなります．励ましの言葉は多くの人に喜んでもらえますが，自信をなくしたり悲しい思いをして，ひどく落ち込んでいる相手には，「元気を出して」とか「がんばって」という励ましが無効となり，それどころか「私の気持ちをわかってもらえない」と心を閉ざしてしまうことさえあるのです．

ひどく落ち込んでいる相手には，励ますのではなくまずは共感を示し，その気持ちを癒さなければなりません．たとえばケース4のDさんには，「書類を投げつけられたら，もう辞めたいと思うほど，つらくなりますよね」ということになります．またケース5のEさんには，「あまりにもショックで，食事も喉を通りませんよね」となります．

自信喪失や悲しみだけではなく，激怒している相手にも，「お腹立ちは，ごもっともです」という共感の言葉が有効です．このような共感の言葉によって，相手が「私の気持ちをわかってもらえた」と感じたならば，不快な感情は効果的に緩和されるはずです．そして，理性的・現実的な能力が回復し，直面している事態を冷静に考えることができるようになり，よりよい自己決定も可能となるのです．

共感が必要なのは，自己決定を促す場合だけではありません．指示を与えるにしても，助言するにしても，相手が感情的になっている状態では，うまく受け入れられないのです．

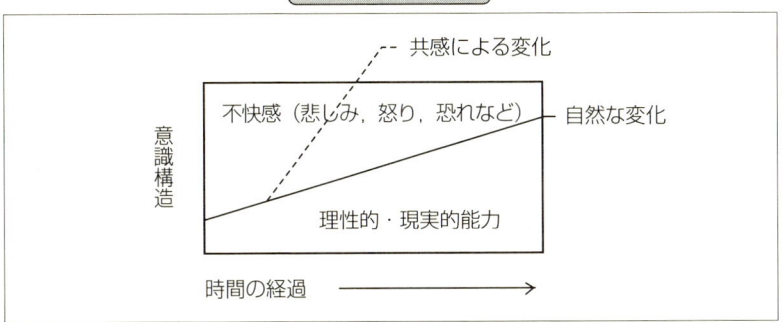

8 集団・組織に与える影響
問題を引き起こす2つの側面

❶機能的側面への影響

集団内で何か問題が生じると,「コミュニケーション不足が原因だ」などと,コミュニケーションのせいにすることがよくあります.コミュニケーションが個人に及ぼす影響について,これまでに述べてきましたが,コミュニケーションは個人に対してだけではなく,集団・組織に対しても,大きな影響を及ぼしているのです.

各メンバーがスタッフとして特定の地位につき,その地位にもとづく役割を担うことで,互いの働きを補いながらさまざまな機能を実現する集団が組織です.そうすると,スタッフ間でメッセージがうまく共有されないと,組織の機能が十分に発揮されないことは,いうまでもありません.

1人のリーダーと3人のサブリーダーと6人のスタッフからなる階層組織を仮に考えてみましょう.

右図では,3人のサブリーダーのうち,業務を遂行するうえでもっとも問題になるのは,サブリーダーAだといえます.つまり,上からの情報の流れと下からの情報の流れが,Aのところで止まっているのです.このような状況では,トップのリーダーも末端のスタッフも,組織上の役割を十分に果たせなくなります.Aにとっての課題はいうまでもなく,スタッフからのメッセージをリーダーへ率直に伝えることであり,それと同時にリーダーからのメッセージも,スタッフにありのままに伝えることなのです.

Aに比べると,Bは問題が少ないかもしれません.しかし,上から下へという一方的なメッセージの流れのなかで,Bはトップダウンの中継役になっているにすぎません.このような単方向のコミュニケーションでは,末端からの情報不足により,トップのリーダーが判断を誤ることも起こりえます.したがってCがしているように,ボトムアップの情報の流れを築くことが,Bの課題となっているのです.

ところで,しばしば階層組織で耳にする言葉に,「ホウレンソウ」がありま

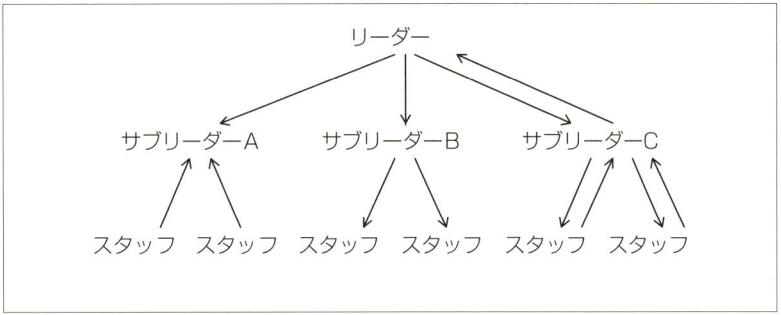

す．これは，「部下は上司に対して報告，連絡，相談を怠るな」という意味ですが，どうやらホウレンソウにも擦り胡麻のかかったものと，しっかりと本音を張ったものとがあるようです．報告，連絡，相談が上司にとって都合のよいものだけになれば，一方的なメッセージの流れと何ら変わらなくなってしまいます．部下は上司に本当のところを率直に伝える必要があり，上司にはそれがたとえ不都合なメッセージであっても，耳を傾けることが望まれるのです．

❷情緒的側面への影響

コミュニケーションの影響は，集団の機能的側面だけでなく，さらに情緒的側面にも及びます．

スタッフ間のコミュニケーションも，メッセージのやり取りだけで終わるわけではなく，そのやり取りを通してスタッフ間に好意や嫌悪といった感情が生まれがちです．そして，その好意や嫌悪が持続すると，やがて組織上の地位・役割にもとづくフォーマルグループとは別に，感情にもとづくインフォーマルグループが形成されるのです．

インフォーマルグループの実態を把握する方法のひとつに，モレノ（Moreno, J. L.）が考案したソシオメトリーがあります．ソシオメトリーでは，集団のメンバー間にみられる好き・嫌いの相互関係を，ソシオグラムという図に表わします．たとえば，次頁のような2つのソシオグラムを比較してみてください．

集団Aではメンバー間に嫌悪の関係（点線の矢印）はなく，しかもリーダーとサブリーダーの双方にスタッフからの好意（実線の矢印）が寄せられています．それに対して集団Bでは，好意によって結ばれた2つのインフォーマルグループが，互いに感情的に対立していることがうかがえます．しかもサブ

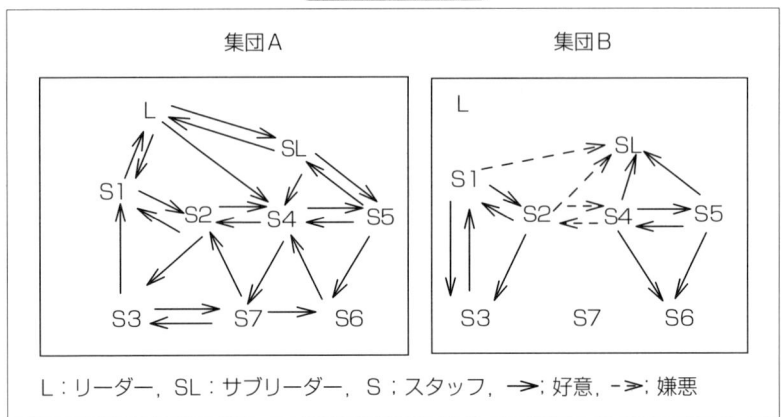

　リーダーは一方のインフォーマルグループに属しており，リーダーはいずれのグループからも距離をおいているのです．
　集団Aには情緒的なまとまりがあり，そのまとまりによって業務も促されることでしょう．それに対して集団Bでは，インフォーマルな感情的対立がフォーマルな業務にも悪影響を及ぼすであろうことが，容易に想像できます．

9 効果的なトレーニング法
個人と集団を成長させる

　個人や集団・組織のありように，コミュニケーションは深くかかわっています．そのため個人や集団・組織に変化をもたらそうとするとき，コミュニケーションは重要な戦略的切り口となります．

　次章Ⅱでは，コミュニケーション・トレーニングの方法を多数紹介します．一連のトレーニングでは，コミュニケーション能力の向上やコミュニケーション技法の修得をめざしますが，それだけで終わるものではありません．参加者同士のコミュニケーションを戦略的切り口として，個人と集団・組織に変化をもたらそうとするのです．

　トレーニングの過程で参加者たちは，交互に送り手となったり受け手となったりしながら，自己理解と相互理解を促すメッセージを繰り返し共有することになります．トレーニングが進行するにつれて，自己理解と相互理解が深まり，参加者個人も参加者集団も徐々に成長していくのです．

　トレーニングでは何よりも，体験を重視します．「百聞は一見にしかず」というとおり，どのような名講義に勝るとも劣らぬ学習効果が，実体験を通して得られるはずです．まずは行動して，その後に体験したことを率直に振り返ります．その振り返りの過程で得られる問題点への「気づき」が，次の行動に活かされるのです．深い気づきが得られるほど，参加者たちの行動変容は確かなものになります．したがって振り返りの過程は省略することなく，十分に行なわなければなりません．

　気づきは本来，参加者自身の主体的な行為であり，だからこそ高い学習効果が得られるのです．主体的な気づきを実現するためにも，「あなたはこうだから，ああしなさい」という指示は，極力避けるべきです．ただし，体験への動機づけを行ない，主体的な気づきを容易にするために，必要最小限の講義は避けられません．要点だけの短い講義を体験の前後に取り入れることで，いっそう効果的なトレーニングとなります．

　そこで次章Ⅱでは，まず最初に動機づけのための小講義の要点を「ねらい」

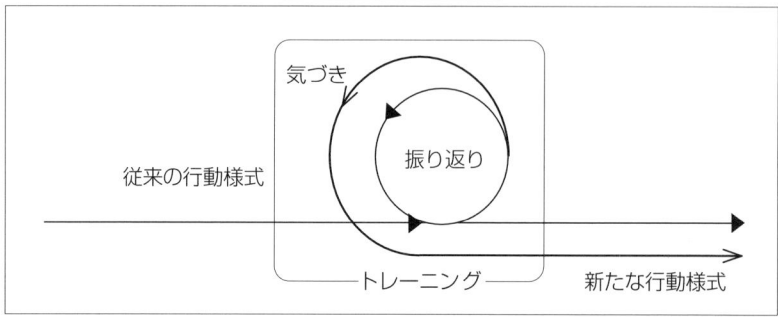

として短く紹介します．また「進め方」での進行役のナレーションや最後の「補足」によって，振り返りと気づきを促します．

　一連のトレーニングでは，まずは浅いレベルのコミュニケーションから始まり，徐々にコミュニケーションのレベルを深めていきます．したがって参加者たちの心理的な抵抗は少なく，トレーニングは自然な楽しい体験となるはずです．職場や学校など身近な集団でぜひお試しください．

10 トレーニングの企画と運営
対象者数からプログラムまで

❶対象者について

次章Ⅱで紹介する20のトレーニングのうち，1人でも体験できるのは，「20 いままでに出会った人々」だけです．

2人いればできるのは，「1 ア行トーク」「2 サイレントトーク」「3 単方向・双方向コミュニケーション」「4 促し＆繰り返しの技法トレーニング」「5 要約の技法トレーニング」「6 質問の技法トレーニング」「7 共感の技法トレーニング」「8 価値交流学習」「10 協力ゲーム」「12 ブラインドウォーク」「14 栄養学教室」「15 ブレーンストーミング」「18 守護霊プレイ」「19 ポジティブ・フィードバック」などと数多くあります．ただし価値交流学習，協力ゲーム，栄養学教室，ブレーンストーミング，守護霊プレイ，ポジティブ・フィードバックなどは，2人では集団のダイナミズムに欠けるために，学習効果が弱くなることを覚悟しなければなりません．

3人いないとできないのは，「9 主張トレーニング」「13 助言トレーニング」「16 自由連想ゲーム」の3つです．このうち自由連想ゲームも3人では，やはり集団のダイナミズムに欠けます．

「11 ブラインドワーク」は最低でも4人が必要となり，「17 性格フィードバック」は11人以上いないと実施できません．

そうすると，20のトレーニングをすべて体験するためには，最低でも11人が必要です．参加者が4人以上11人未満の場合には，性格フィードバックを除いて実施するか，あるいは11人以上が集まるまで実施を延期することになります．

進行役が1人だけの場合，トレーニングの内容と与えられた時間により対象者数は限られてきます．たとえば2泊3日の合宿で20のトレーニングをすべて実施するのであれば，30名が限度でしょう．自由連想ゲームと守護霊プレイを除くのであれば，何人でもできますが，対象者数が多くなればなるほど学習効果は薄れます．

また，対象者同士の関係も，重要となります．同じ職場や学校など既存の集団に所属している人々か，それとも初対面かで，進行上の留意点が異なるのです．

　同じ集団に所属している場合には，その集団内ですでにできあがっている人間関係が，トレーニングの場に持ち込まれがちです．したがってトレーニングを効果的に進行させるためには，どのような人間関係かを事前にある程度，把握しておくほうがよいでしょう．また，既存の人間関係が学習効果に及ぼす影響について，進行中にも注意を払う必要があります．

　まったくの初対面の場合には，お互いに慣れてくるまでは対象者同士が緊張し，防衛的となりがちです．したがって緊張を解くアイスブレーキングを目的として，導入部分では浅いレベルでのコミュニケーションを念入りに繰り返すことになります．「ア行トーク」や「サイレントトーク」は，楽しい雰囲気のなかで体験でき，アイスブレーキングとしても最適でしょう．

　なお，いくつかのトレーニングを行なうにあたり，簡単な読み書きや計算の能力が必要となります．また，どのトレーニングにおいても，少なくとも自分自身を対象化（客観視）して，自己を振り返る能力が求められます．そのため自我能力の弱い低年齢の子どもは，ここで紹介するトレーニングをこなすことが困難であり，著しい自我障害をともなう人も，対象から外すべきでしょう．

　これまでに筆者が対象としたのは，年齢でいえば12歳から80歳ほどで，心身ともに健康な人です．

❷効果的な会場設定

　トレーニングは，参加者同士がペアになって向かい合ったり，小グループに分かれてテーブルを囲んだり，円状に椅子を並べて着席したりしながら進行します．したがって机と椅子が一体になっているのは不都合であり，また，机や椅子が床に固定されている階段教室などでは実施できません．教室形式の会場を利用する場合には，会場定員が参加者数の1.5倍以上の広さを必要とし，机と椅子を自由に会場内で移動させられることが条件となります．3人用の長机を2人で使用すると，必要な広さを確保でき，2人一組（右図①），3人一組（右図②），4人一組（右図③）なども容易に構成できます．

　同じ職場や学校など，既存集団のメンバーを対象にするときには，実施する場所が問題となります．職場の会議室や学校の教室で行なえば，日帰りプログラムも可能となり，条件さえ整っていれば問題はないでしょう．ただし，ト

① 2人一組の配置

② 3人一組の配置

③ 3〜4人一組の配置

レーニング中に参加者へ頻繁に連絡が入ったり，参加者が会場を出入りしたりするようでは，スムーズに進行できなくなります．

　職場や学校の外にある宿泊可能な研修施設を利用する場合は，宿泊プログラムによる集中的なトレーニングが可能になります．ただし，研修室の利用時間や食事・入浴時間が固定されていると，プログラムに制約が生じます．また，サービス精神や融通性に欠ける施設，劣悪な環境の施設もいまだにありますので，はじめて利用する会場は，下見が欠かせないでしょう．

　❸プログラムの組み立て方

　最初から深いレベルのトレーニングに取り組むことは，避けなければなりません．参加者同士の緊張を解くアイスブレーキングを兼ねつつ，浅いレベルのトレーニングから始めて，徐々にコミュニケーションレベルを深めていく方法が，もっとも効果的なのです．

　たとえば，「質問の技法トレーニング」や「共感の技法トレーニング」を実施するのであれば，少なくとも，「促し＆繰り返しの技法トレーニング」と「要約の技法トレーニング」は，事前に済ませておくことが望まれます．また，「守護霊プレイ」に取り組むためには，その前に「自由連想ゲーム」「性格フィードバック」などで自己表現欲求を高めておくことが必要です．さらに，「ポジティブ・フィードバック」は，最後に位置づけることにより，参加者たちも白けることなく取り組むことができます．

　そのほかに，トレーニングのメニューを欲張りすぎないことも，プログラムづくりでは大切です．たくさんのトレーニングを短時間で体験しても，高い学習効果は期待できません．また 60〜90 分に一度は休憩をとらないと，参加者の集中力は持続しません．時間があまれば，十分にトレーニングの振り返りができますし，少々長めの休憩をとることもできます．欲張りすぎない余裕のある時間配分が，トレーニングを確かなものにするのです．

　いくつかのプログラム例を紹介します．これらは，いずれもおおよその目安であり，進行具合によってはメニューや時間を変更する柔軟性が必要です．

> プログラム例

❶コミュニケーション技法トレーニング（1日コース）
 9：00　導入講義「コミュニケーションとは」，ア行（母音）トーク，
　　　　サイレントトーク
10：30　単方向・双方向コミュニケーション
12：00　昼食
13：00　促し＆繰り返しの技法トレーニング，要約の技法トレーニング
14：00　質問の技法トレーニング，共感の技法トレーニング
15：30　ケーススタディ　　　　　　　　　　　（17：00　終了）

❷リーダーシップトレーニング（1日コース）
 9：00　導入講義「リーダーシップとは」，ブラインドウォーク
10：30　助言トレーニング，促し＆繰り返しの技法トレーニング，要約の技法トレーニング
12：00　昼食
13：00　質問の技法トレーニング，エゴグラム作成，栄養学教室
14：30　ブラインドワーク
15：30　性格フィードバック　　　　　　　　　（17：00　終了）

❸自己と集団を成長させるトレーニング（1泊2日コース）
〈1日目〉
13：00　集合，オリエンテーション
13：30　導入講義「自己と集団の成長とコミュニケーション」，
　　　　ア行（母音）トーク，サイレントトーク
15：00　エゴグラム作成，栄養学教室
16：00　ブラインドワーク
17：00　自由連想ゲーム
18：30　夕食
20：00　性格フィードバック
21：00　懇親会
〈2日目〉
 9：00　価値交流学習，主張訓練
10：30　Aグループ：守護霊プレイ，Bグループ：いままでに出会った人々
12：00　昼食
13：00　Aグループ：いままでに出会った人々，Bグループ：守護霊プレイ
14：30　ポジティブ・フィードバック，まとめ　　（16：00　解散）
　※30名ほどの参加者による合宿形式で，2日目は2つの会場が必要

II

コミュニケーション
トレーニング 20

1 ア行（母音）トーク

コミュニケーション意欲を高める

ねらい

　語学力に乏しくても，外国人と一生懸命に意思疎通を試みる人は，語学の上達も，ほかの人に比べると速いでしょう．それとは逆に，語学力は十分にあるはずなのに，すぐに諦めてしまうため，結局，意思疎通をはかれない人もいます．コミュニケーションで何よりも大切なのは，相手に伝えたいという意欲であり，また相手を理解したいという意欲なのです．
　「意欲なら十分にある」と，自信満々の人もいます．ところがコミュニケーションにちょっとした制限が加わると，意欲を持続させるのが意外とむずかしいことを思い知ることになります．
　ここに紹介する「ア行（母音）トーク」は，コミュニケーションに制限を加えながらメッセージの共有を試みる体験です．いつもよりも困難なコミュニケーションを体験することにより，コミュニケーション意欲を高めようとするものです．

人数・所要時間

　一度に体験できる人数は2人から無限大ですが，2人一組で行なうために偶数人数であることが望まれます．参加者数が奇数人数の場合は，進行役もしくはそのアシスタントも体験に加わることで，偶数人数にするとよいでしょう．
　2人一組の組み合わせが完了してからの所要時間は，解説も含めておよそ30分です．ただし言葉をア行（母音）に置き換える作業で参加者がとまどえば，さらに多くの時間が必要となります．

準　　備

　会場は全員が黒板（ホワイトボード）に向かう教室形式で，はじめにワークシートに取り組むため，参加人数分の机と椅子が必要です．2人一組で進める

教室形式の会場

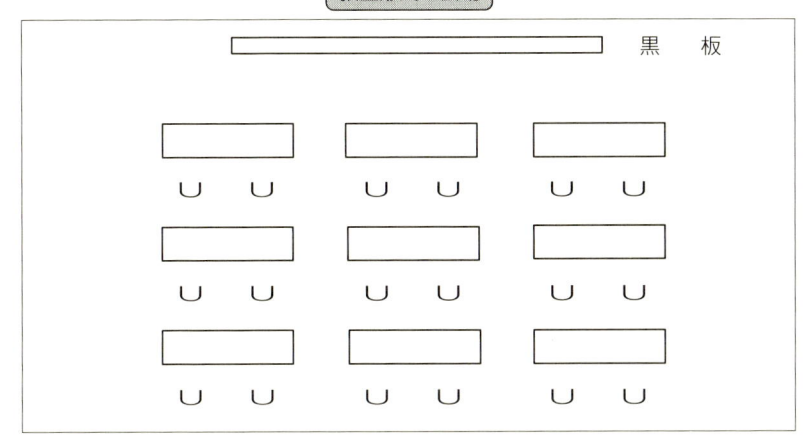

ことから，3人掛けの長机であれば2人で使用すると好都合でしょう．

　主催者（もしくは進行役）は，ワークシート（45頁）を参加人数分＋α用意しておきます．そのほかに時間を測定するためのタイマーがあると便利です．筆者はいつも安価なキッチンタイマーを利用しています．

　参加者には，鉛筆と消しゴムを持参してもらいます．言葉をア行（母音）に置き換える作業では誤記入が生じやすいため，ボールペンや万年筆では不都合です．

進め方

　参加者たちに2人一組で着席してもらい，ワークシートを配布します．

　シートが行き渡ったところで，「ねらい」で述べたような趣旨を簡単に説明し，進行役は参加者に次のように伝えます．

進行役　まず，ご自分の出身地，生まれた月日，趣味を，ひらがなで記入してください．出身地は都道府県名だけで結構です．生まれた月日は数字を使わずに記入し，カタカナ名の趣味はカタカナのままで記入してください．

　　　　　次に，記入した出身地，生まれた月日，趣味をア行に置き換えて，カタカナで記入してください．「とうきょう」であれば「オウィォウ」になります．「たちつてと」の「と」は「アイウエオ」の「オ」にな

　　　　　ります．
参 加 者　「ん」はどうなりますか．
進 行 役　「ん」は「ン」のままです．趣味で行き詰まった人は，「むしゅみ」
　　　　　とか「しごと」でも構いません．
　　　　　　全員，記入を終えましたか．
　　（全員が記入し終えたことを確認したあとに）
　　　　　　それでは，AさんとBさんを決めます．2人一組の右側の人がA
　　　　　さんで，左側の人がBさんです．Aさんは手をあげてください．
　　（Aさんが全員，手をあげたことを確認したあとに）
　　　　　　次に，Bさんは手をあげてください．
　　（Bさんが全員，手をあげたことを確認したあとに）
　　　　　　AさんとBさんが決まりました．
　　　　　　いまから，AさんがBさんに，まずご自分の出身地をア行で伝え
　　　　　てください．たとえば出身地が「とうきょう」であれば，「オウィォ
　　　　　ウ」と伝えます．Bさんが「東京ですか」と当てたら，次にAさん
　　　　　はご自分の生まれた月日をBさんに伝えます．たとえば「ごがつ
　　　　　みっか」であれば「オアウイッア」と伝えます．Bさんが「5月3日
　　　　　ですか」と当てたら，最後にAさんはご自分の趣味を伝えます．た
　　　　　とえば「どくしょ」であれば，「オウィォ」と伝えます．Bさんが「読
　　　　　書ですか」と当てたところで終了とします．
　　　　　　制限時間は2分です．2分間でAさんはどこまで伝えることができ
　　　　　るか，またBさんはどこまで理解できるか，それぞれ試みてください．
　　（参加者からの質問がなければ）
　　　　　　それでは，開始してください．スタート．
　　（といってタイマーを押す）
参加者A　私の出身地は，アアアアです．
参加者B　アアアアですか．アアアア．神奈川．
参加者A　当たりです．生まれた月日は，ウアウ，イイゥウオウイイ．
参加者B　えっと，9月の……．
　　（2分が経過し，タイマーが鳴ったところで）
進 行 役　時間となりました．中断してください．
　　（会場を静かにさせたあと，1人のBさんを指名して）

進 行 役 　それでは，こちらのBさんに伺います．Aさんの出身地はどこでしたか．
参 加 者 　神奈川でした．
進 行 役 　「アアアア」ですね．それでは，Aさんの生まれた月日は？
参 加 者 　9月までしかわかりませんでした．
進 行 役 　結構です．それでは，みなさんに伺います．Aさんの趣味までわかったというBさんは，手をあげてください．
　（挙手したBさんを確認する）
　　次に，Aさんの生まれた月日の日付までわかったBさんは，手をあげてください．
　（挙手したBさんを確認する）
　　次に，Aさんの出身地しかわからなかったBさんは，手をあげてください．
　（挙手したBさんを確認する）
　　最後に，何もわからなかったBさんは，手をあげてください．
　（挙手したBさんを確認する）
　　さて，趣味まですべてわかったBさんと，何もわからなかったBさんとがいます．いったいどうすればすべてわかるのか，考えてみましょう．
　　Aさんの言葉を頭だけで理解しようとしたBさんには，むずかしかったと思います．たとえば「ア」といわれて，「あかさたなはまやらわ」のどれだろうかと考えていたBさんは，時間が足らなくなってしまったでしょう．頭だけで理解するのではなく，Aさんの言葉を何度も聞き返しながら，感覚的に理解することが必要です．そのためには，「もう一度お願いします」「もう一度お願いします」と，わかるまで何度も聞き返さなければなりません．つまり相手を理解しようとする意欲が，何よりも大切なのです．
　　Aさんも一度だけ伝えて，「さあ，どうだ」という態度ではだめです．Bさんが理解するまで，繰り返し伝えてください．やはり伝えようとする意欲が大切なのです．
　　ここで，2人で役割を交代して，もう一度トライしてみましょう．それでは開始してください．スタート．

（といってタイマーを押す）

> 補　　足

　ア行（母音）だけで発話してみると，これに似た話し方をする障害者がいることに気づきます．つまり言語障害のひとつである構音障害の発話となるわけで，脳梗塞や脳性麻痺の人に多くみられます．

　構音障害の人の話を聞いても，最初は理解できないでしょう．しかし，身近でケアしている家族や専門家には通じていることが多く，経験を積んで慣れてくれば理解が可能になるのです．大切なのは相手を理解しようとする意欲であり，最初から「わからないや」といって，簡単にあきらめてはいけません．

　出身地，生まれた月日，趣味をア行（母音）に置き換える際に，どうしても時間のかかる人がいます．そのために進行役やアシスタントは会場を回りながら，遅れ気味の参加者を手助けする必要があります．また，参加者の多くが同じ出身地であるならば，シートに出身地を記入させる際に，「市区町村名」や「親の出身県」など，臨機応変に対応したほうがよいでしょう．

ワークシート

1. 自分の出身地（都道府県名），生まれた月日，趣味を，ひらがなで書いてください．
2. ひらがなで書いた出身地（都道府県名），生まれた月日，趣味を，記述例を参考にしながら，ア行（ア，イ，ウ，エ，オ）に置き換えてください．
3. 2人一組でAさんとBさんを決めて，AさんはBさんに対して自分の出身地をア行で伝えてください．
4. 出身地が伝わったところで，次に自分の生まれた月日を，ア行で伝えてください．
5. 最後に，自分の趣味をア行で伝えてください．
6. 2分が経過したところで中断します．AさんとBさんは役割を交代して，もう一度3〜5を繰り返してください．
7. 2分が経過したところで中断し，メッセージをうまく共有するための条件を話し合ってください．

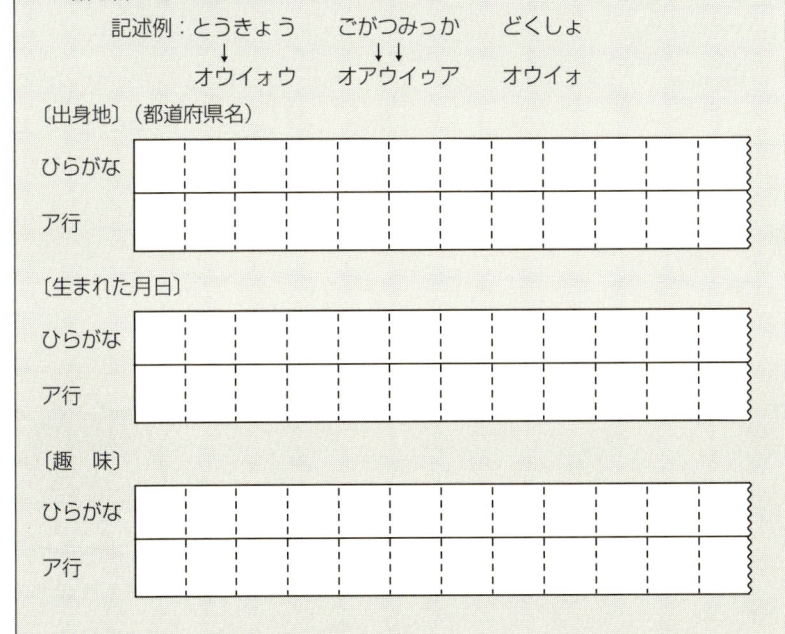

記述例： とうきょう　　ごがつみっか　　どくしょ
　　　　　↓　　　　　↓↓　　　　　↓
　　　　オウィォウ　　オアウイゥア　　オウイォ

〔出身地〕（都道府県名）

ひらがな										
ア行										

〔生まれた月日〕

ひらがな										
ア行										

〔趣　味〕

ひらがな										
ア行										

2 サイレントトーク
コミュニケーション意欲を高める

ねらい

「ア行(母音)トーク」と同じく,コミュニケーション意欲を高めます.

人数・所要時間

一度に体験できる人数は2人から無限大で,解説も含めた所要時間はおよそ30分です.

準　備

会場は教室形式で,参加人数分の机と椅子が必要です.

主催者(もしくは進行役)は,ワークシート(49頁)を参加人数分+α用意しておきます.ただし参加者が持参したノートなどを使えば,シートを用意しなくても進行は可能です.このほか,時間を測定するためのタイマーがあると便利です.

参加者には,鉛筆と消しゴムを持参してもらいます.

進　め　方

参加者に2人一組で着席してもらい,ワークシートを配布します.

シートが行き渡ったところで,進行役は参加者に次のように伝えます.

進行役　先ほどの「ア行(母音)トーク」では,何もわからなかったという人も,少なくありませんでした.このままで終わると挫折感が残ってしまいますので,もう一つ,コミュニケーション意欲を高める別の体験に取り組みたいと思います.

　　　　今度は「サイレントトーク」です.声を出さずに口の動きだけで伝えます.まず,みなさんは,昨日,朝起きてから寝るまでに食べた物を思い出し,書き出してください.その際,たとえば「コーヒー,みそしる,めだまやき」などと,漢字を使わずに,ひらがなカタカナ

教室形式の会場

で書きます．またお弁当を食べた人は，できるかぎり，おかずを思い出してください．いわゆる献立です．飲み物も間食も書いてください．

参加者　どうしても朝食が思い出せないのですが．

進行役　夜，昼，朝と逆に思い出すとよいかもしれません．それでも思い出せない人は，きょう食べた物や，これから食べたい物を10品目程度，書いていただいても結構です．

　　　　全員，記入を終えましたか．

（全員が10品目程度，記入し終えたことを確認したあとに）

　　　　それでは，AさんとBさんを確認します．2人一組の右側の人がAさんで，左側の人がBさんです．Aさんは手をあげてください．

（Aさんが全員，手をあげたことを確認したあとに）

　　　　次に，Bさんは手をあげてください．

（Bさんが全員，手をあげたことを確認したあとに）

　　　　いまから，AさんはBさんに対して，最初の食べ物を口の動きだけで伝えます．コーヒーであれば「コーヒー」といわずに，口の動きだけで「ö－ö－」と伝えます．Bさんが「コーヒーですか」と当てたら，次の食べ物を口の動きだけで伝えます．Bさんは確認するとき，必ず声に出してください．Bさんまで口の動きだけで確認したりしないでください．

　　　　それから，最初の食べ物で行き詰まると，何もわからなかったということになります．したがって，どうしてもわからない場合には，パスをして次の食べ物に移っても結構です．
　　　　制限時間は 2 分です．2 分間で A さんはどこまで伝えられるか，また，B さんはどこまで理解できるか，それぞれ試みてください．
　　（参加者からの質問がないことを確認して）
　　　　それでは開始してください．スタート．
　　（といってタイマーを押す）
参加者 A　それでは，Ö－ö－．
参加者 B　コーヒーですか．
参加者 A　当たりです．次は，Ö－ö ö Ö．
参加者 B　えっとー，ヨーグルト．
　　（2 分が経過し，タイマーが鳴ったところで）
進 行 役　時間となりました．中断してください．
　　（会場を静かにさせたのち，1 人の B さんを指名して）
　　　　それでは，こちらの B さんに伺います．A さんの食生活がバレてしまいますが，A さんは昨日，何を食べましたか．
参 加 者　コーヒー，ヨーグルト，ゆで卵，パン，カレーライス……．
進 行 役　はい，結構です．ずいぶんとわかりましたね．
　　　　それでは，今回，何もわからなかった B さんは，手をあげてください．
　　（挙手した B さんを確認する）
　　　　ここで，2 人の役割を交代して，もう一度トライしてみましょう．
　　　　それでは開始してください．スタート．
　　（といってタイマーを押す）

補　　足

　意欲が高まってきた参加者は，相手の口の動きをまねしながら，理解しようとします．つまり感覚的に理解しようと努めるのです．サイレントトークでは，頭で理解することは不可能に近いためです．このトレーニングで，何も理解できなかった参加者は，皆無に等しくなります．こうして先の「ア行（母音）トーク」で挫折感を味わった参加者も，自信を回復するのです．

ワークシート

1. 昨日，朝起きてから寝るまでに自分が食べた物（飲み物も含む）を，まずリストアップしてください．
2. 2人一組でAさんとBさんを決めて，Aさんは自分のリストにある最初の食べ物を，声を出さずに口の動きだけでBさんへ伝えてください．
3. Bさんに伝わったところで，同様にAさんは次の食べ物を口の動きだけで伝えてください．
4. 2分が経過したところで中断します．AさんとBさんは役割を交代して，もう一度，2～3を繰り返してください．
5. 2分が経過したところで中断し，相手のメッセージをうまく理解するための条件を話し合ってください．

①朝　食	③夕　食
・ ・ ・ ・	・ ・ ・ ・
②昼　食	④間食など
・ ・ ・ ・	・ ・ ・ ・

3 単方向・双方向コミュニケーション
効果的な伝達法を学ぶ

ねらい

　前章Ⅰですでに述べたように，コミュニケーションの語源はラテン語のcommunicare（共有すること）です．このことからもわかるように，コミュニケーションにとってもっとも重要な課題は，送り手と受け手との間でどの程度，正確にメッセージを共有できるかです．たとえ送り手と受け手が同じ言語体系を共有していたとしても（たとえばどちらも日本語がわかるとしても），世代や地域によって言葉の意味や発話時のアクセントが異なり，そのためにメッセージが共有できないことはめずらしくありません．また，送り手にも受け手にもコミュニケーション上の癖があり，そのためにいいたいことを十分に表現できないこと（あるいは過剰に表現すること）や，いわれたことを過剰に受け取ること（あるいは過小に受け取ること）もたびたびなのです．

　ここでは，メッセージを正確に共有するためのさまざまな条件を，体験を通して学んでいきます．

人数・所要時間

　一度に体験できる人数は2人から無限大ですが，1人の送り手を決めたら，そのほかの参加者は受け手となるため，参加者が多い場合には必要に応じて，いくつかの小グループに分けます．また日頃，10人前後でのコミュニケーション場面の多い参加者たちであれば，10人前後の小グループをいくつかつくるのがよいでしょう．一対一のコミュニケーション場面の多い参加者たちであれば，2人一組にすると効果的です．

　送り手と受け手を決めてからの所要時間は，解説も含めておよそ60分です．

準　　備

　会場では参加人数分の机と椅子を用意し，送り手と受け手が向かい合うよう

教室形式の会場

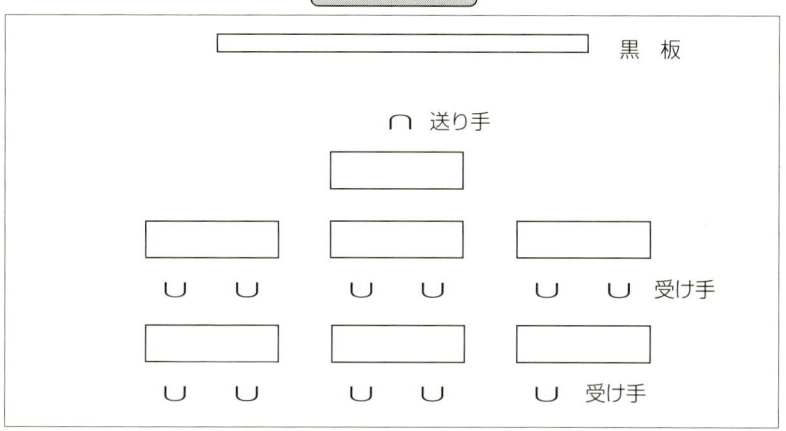

黒板

送り手

受け手

受け手

4つの小グループによる会場

黒板

受け手

送り手

送り手

受け手

受け手

送り手

送り手

受け手

に配置します．たとえば参加者数が12人であれば，1人の送り手と11人の受け手が向かい合うように，教室形式に配置してもよいでしょう．また4つの小グループに分けて，4人の送り手それぞれに2人の受け手が向かい合うように，机と椅子を配置してもよいでしょう．会場が狭い場合には，机の代わりにクリップボードを使用することもできます．

　主催者（もしくは進行役）は，聞き取り図（54頁）と原図（58頁）をそれぞれ参加人数分＋αを用意しておきます．そのほかに，時間を測定するためのタイマーがあると便利です．

　参加者には，鉛筆と消しゴムを持参してもらいます．一度描いた図を消して，もう一度描き直すこともたびたびなので，ボールペンや万年筆では不便です．

進め方

❶第1ラウンド

　送り手と受け手が決まり，両者が向かい合ったところで，送り手には原図①を，受け手には聞き取り図①を，それぞれ配布します．「ねらい」で述べたような趣旨を簡単に説明したうえで，進行役は参加者に次のように伝えます．

進行役　いまから送り手がある図を説明します．たとえば，「右上に太い線の正三角形がありまして，それは一辺の長さが1センチほど」などと説明します．受け手はその説明を聞きながら，どんな図なのかを想像して，聞き取り図①に描いていってください．

　　　　受け手はいっさい，質問できません．送り手も「描けましたか」などと確認をとったりせず，一方的に説明してください．

　　　　時間は15分です．もしも時間があまったら，もう一度，もとに戻って説明し直したり，要所要所を説明し直したりして，できるだけ正確に伝わるように，時間を有効に使ってください．

参加者　定規は使ってもいいですか．

進行役　全員がもっているわけではありませんので，今回は使わないことにしましょう．

　　　　（ほかに参加者からの質問がなければ）

　　　　　それでは開始してください．スタート．

　　　　（といってタイマーを押す）

送り手　まず，右上に半径3センチほどの円を描いてください．そして……．

　　　　（5分が経過したところで）
進 行 役　5分が経過しました．残り10分です．
　　　　（10分が経過したところで）
　　　　　10分が経過しました．残り5分です．
　　　（15分が経過し，タイマーが鳴ったところで）
　　　　　時間となりましたので，中断してください．
　　　（原図①を受け手全員に配布し，会場を静かにさせて）
　　　　　いま，送り手が説明した原図①を，受け手のみなさんに配布しました．原図①をみながら，自分の聞き取った図がどの程度，似ているか，「まったく似ていない」から「完全に似ている」まで，5段階で自己評価してください．主観的な評価で結構ですから，聞き取り図の下にあるスケール上の数字に〇をつけてください．
　　　　　送り手は席を立って，受け手が描いた聞き取り図をのぞき込み，正確に伝わったかどうか，確認してください．
❷第2ラウンド
　受け手が第1ラウンドの自己評価を終えたところで，送り手には原図②を，受け手には聞き取り図②を配布して，進行役は参加者に次のように伝えます．
進 行 役　それでは第2ラウンドです．いまから送り手が別の図を説明します．たとえば「左上に太い線の円がありまして，それは半径が2センチほどで」などと説明します．受け手は説明を聞きながら，どんな図なのかを想像して，聞き取り図②に描いていってください．
　　　　　今回，受け手は質問ができます．送り手も「よろしいですか」などと確認してください．ただし今度は時間が足りなくなると思います．したがって送り手は，「その質問には，あとで答えます」などとある程度，質問をコントロールする必要があるでしょう．また受け手も，「わからない」「もう一度」などという質問ではなく，「その円は外枠の上の線に接してますか」などと，具体的に尋ねてください．
　　　　　時間は前回と同様に15分です．よろしいでしょうか．
参 加 者　送り手は前回と同じ人ですか．
進 行 役　送り手は同じ人です．交代しないようにお願いします．
　　　　（ほかに質問がなければ）
　　　　　それでは開始してください．スタート．

聞き取り図

〔聞き取り図①〕

自己評価：まったく似ていない　0　1　2　3　4　完全に似ている

〔聞き取り図②〕

自己評価：まったく似ていない　0　1　2　3　4　完全に似ている

         (といってタイマーを押す)
送 り 手　左上に半径3センチほどの円を描いてください．
受 け 手　その円は太い線ですか，それとも細い線ですか．
送 り 手　太い線です．そして……．
         (5分が経過したところで)
進 行 役　5分が経過しました．残り10分です．
         (10分が経過したところで)
         10分が経過しました．残り5分です．
         (15分が経過し，タイマーが鳴ったところで)
         時間となりましたので，中断してください．
         (原図②を受け手全員に配布し，会場を静かにさせて)
         いま，送り手が説明した原図②を，受け手のみなさんに配布しました．原図②をみながら，自分の聞き取った図がどの程度，似ているか，「まったく似ていない」から「完全に似ている」まで，5段階で自己評価してください．主観的な評価で結構ですから，聞き取り図の下にあるスケール上の数字に○をつけてください．
         送り手は席を立って，受け手が描いた聞き取り図をのぞき込み，正確に伝わったかどうか，確認してください．

❸解　説

受け手が第2ラウンドの自己評価を終えたところで，進行役は参加者に次のように伝えます．

進 行 役　いかがでしたか．聞き取り図①と聞き取り図②とでは，どちらが似ていましたか．聞き取り図①のほうが原図に似ていた人は，手をあげてください．
         (挙手した受け手の人数を確認したあとに)
         それでは，聞き取り図①と聞き取り図②とで同点だった人は，手をあげてください．
         (挙手した受け手の人数を確認したあとに)
         最後に，聞き取り図②のほうが原図に似ていた人は，手をあげてください．
         (挙手した受け手の人数を確認したあとに)
         多くの場合，聞き取り図②のほうが，聞き取り図①よりも得点が高

くなります．つまり同じ15分ならば，質問に答えながら説明したほうが，より正確な伝達が可能になるということです．
　　　　　ところで，受け手となった方に伺います．第1ラウンドで，一方的な説明を聞きながら図を描いていたときに，どのような気持ちになりましたか．
　　　　（といって，1人の受け手を指名する）
参　加　者　イライラしました．
進　行　役　次に，送り手となった方に伺います．第2ラウンドで，質問に答えながら説明をしていたときに，どのような気持ちになりましたか．
　　　　（といって，送り手を指名する）
参　加　者　説明の不十分なところがわかって，安心できました．
進　行　役　そうですか．一方的に説明されると，「わかんないよ」「なんでそうなるの」などと，受け手にフラストレーションが生じがちです．それに対して，質問が許されると受け手のフラストレーションは軽減されますが，送り手のほうにフラストレーションが生じることも少なくありません．たとえ送り手にフラストレーションがたまっても，情報が正確に伝わるわけですから，やはり受け手の質問に答えながら説明するほうが，すぐれているといえるでしょう．
　　　　　そのほかに，正確な情報伝達のための条件について，気づいたことをみなさんで報告し合ってください．

補　足

　正確な伝達のための条件としては，声の大きさはもちろんのこと，声の方向性も重要です．下を向いて説明するよりも，できるだけ顔を上げ，受け手に向かって説明するほうが効果的なのです．
　また，どうにでも受け取れる曖昧な表現は，避けなければなりません．適切なたとえなどを駆使しながら，具体的に説明することが大切です．たとえば，「円の左下から，斜め右下方向に線を引いてください」というよりも，「円をアナログ時計だと思い，ちょうど7時のところから，右斜め下45度に線を引いてください」と説明するほうが，正確に伝わるのです．
　2人一組となり，第1ラウンドと第2ラウンドで役割を交代し，どちらも制約なしで試みれば，参加者全員が送り手と受け手を体験できます．

ワークシート

1. 送り手（1人）と受け手（1人ないし複数）を決めたうえで，送り手は受け手へ一方的に，原図①を説明してください．受け手は送り手の説明を聞きながら，原図①を想像して，聞き取り図①に描いていってください．
2. 15分が経過したところで説明を終えて，送り手は受け手に原図①を公開してください．受け手は主観的な評価で構いませんので，聞き取り図①が原図①とどれぐらい似ているかを0〜4点で自己評価します．
3. 次に，送り手は受け手の質問に答えながら，原図②を説明してください．受け手は，送り手に質問をしながら原図②を想像し，聞き取り図②に描いていってください．
4. 15分が経過したところで説明を終えて，送り手は受け手に原図②を公開します．受け手は主観的な評価で構いませんので，聞き取り図②が原図②とどれぐらい似ているかを0〜4点で自己評価してください．
5. 最後に，聞き取り図①と聞き取り図②の得点を比較し，うまく伝えるための条件を話し合ってください．

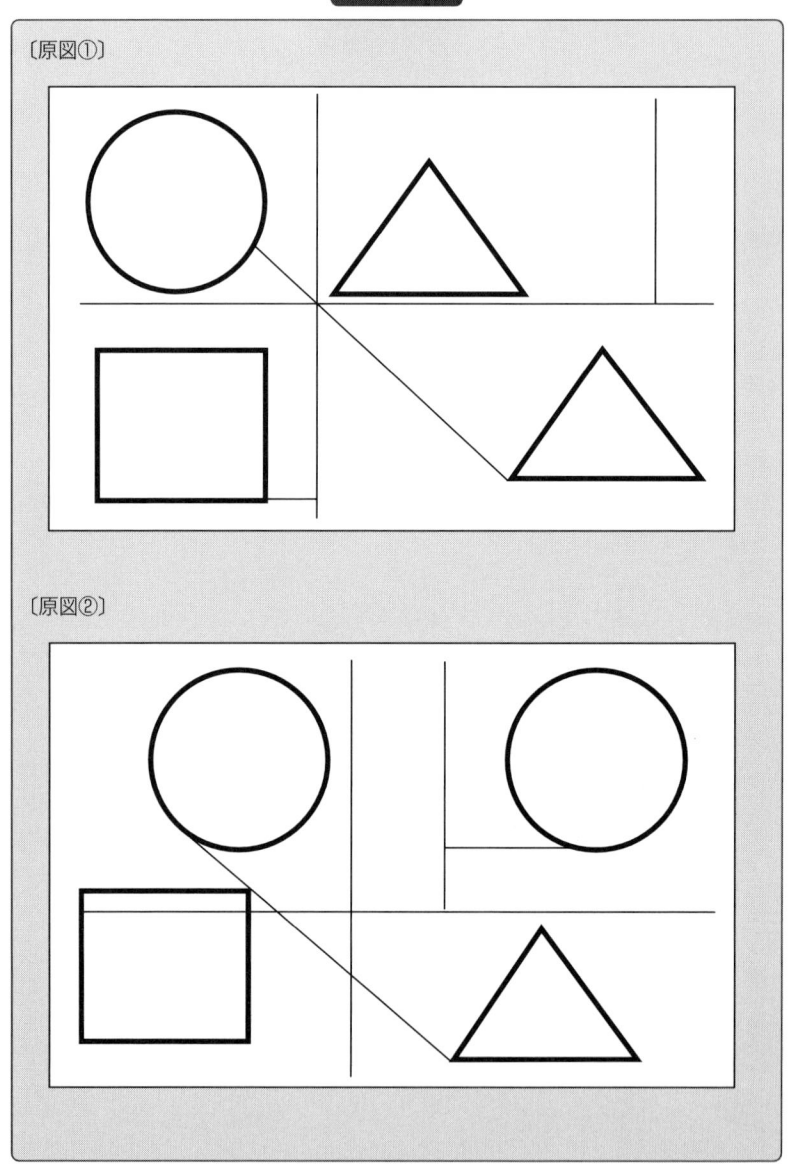

原　図

〔原図①〕

〔原図②〕

4 促し&繰り返しの技法トレーニング
「聞き方」を身につける

ねらい

　時間と場所を共有した対人場面（face to face）のコミュニケーションでは，受け手の聞き方が，送り手の発話に大きな影響を及ぼします．コミュニケーションに責任を負うのは，けっして送り手だけではなく，送り手と受け手の双方なのです．

　促しの技法とは，首を縦に振るうなずきや，「ふんふん」「へー」といった相づちを示しながら，相手の話を聞く方法です．促しの技法を使いながら聞くと，受け手の熱意を効果的に表現することができ，その結果，送り手の語りが促進されるのです．

　また，繰り返しの技法とは，語られた言葉の一部もしくは全部を繰り返しながら，相手の話を聞く方法です．促しの技法と同様に，繰り返しの技法も受け手の熱意を表わしますが，受け取ったメッセージの確認にもなるため，より確かなコミュニケーションとなります．

人数・所要時間

　一度に体験できる人数は2人から無限大ですが，2人一組となるために偶数人数であることが望まれます．参加者が奇数人数の場合は，進行役もしくはそのアシスタントも体験に加わることで，偶数人数にするとよいでしょう．

　2人一組の組み合わせが完了してからの所要時間は，解説も含めておよそ30分です．

準備

　会場は全員が黒板（ホワイトボード）に向かう教室形式で，椅子は参加人数分を必要としますが，机はなくても構いません．参加者は全員が2人一組となるために，3人掛けの長机は2人で使うと好都合です．

そのほに，時間を測定するためのタイマーがあると便利です．

進め方

　参加者たちに2人一組となってもらい，AさんとBさんを決めたうえで，2人が対話しやすいように，90度（直角）法で着席してもらいます．
　「ねらい」で述べたような趣旨を簡単に説明したうえで，進行役は参加者へ次のように伝えます．

進行役　まず，Aさんは，目が覚めてから寝るまでの昨日の自分について，どうしてもいいたくないことは除いて，一部始終を詳しくBさんに話してください．BさんはAさんの話を，ただ黙って無反応で聞いてください．1分が経過したところで中断してもらいます．
　　　　（参加者からの質問がなければ）
　　　　　　それでは，Aさんは「昨日は―」といいながら，話し始めてください．スタート．
　　　　（といってタイマーを押す）

参加者A　昨日は朝6時に目覚まし時計が鳴って……．
参加者B　……（無言）
参加者A　目覚ましを止めたら，また寝てしまいまして……．
参加者B　……（無言）
参加者A　目が覚めたのは7時半で……．
参加者B　……（無言）
　　　　（1分が経過し，タイマーが鳴ったところで）

進行役　時間となりましたので，中断してください．
　　　　次に，Aさんは昨日の自分について，先ほどの続きをBさんに話してください．Bさんは，今度は一言一言繰り返しながら話を聞くように努めてください．1分が経過したところで中断してもらいます．

参加者　もう夜になってしまい，寝る直前で，話すことがなくなってしまったのですが……．

進行役　それでは，今日の朝，目覚めてからのことをできるだけ詳しくお話しください．
　　　　（ほかに質問がなければ）
　　　　　　それでは，スタート．

教室形式（90度法）の会場

（といってタイマーを押す）
参加者A　駅に着きまして……．
参加者B　駅に着いたのですね．
参加者A　改札を抜けまして……．
参加者B　改札を抜けたのですね．
参加者A　プラットホームに出まして……．
参加者B　ホームに出たのですね．
　　　　（1分が経過し，タイマーが鳴ったところで）
進行役　時間となりましたので，中断してください．
　　　　最後に，Aさんは昨日の自分について，先ほどの続きをBさんに話してください．BさんはAさんの話を，いちいち一言一言繰り返さず，首を縦に振ってうなずいたり，「へー」「そうですかー」といって相づちを打ったりしながら，その合間に話の節目節目だけを繰り返してください．1分が経過したところで中断してもらいます．1分の間に2度か3度は繰り返しをはさむように，Bさんは努力してください．
（参加者からの質問がなければ）
　　それでは，スタート．
（といってタイマーを押す）
参加者A　職場に着いてエレベーターに乗り……．

参加者B　ふん，ふん．
参加者A　オフィスに入って手帳をみたところ……．
参加者B　ふん，ふん．
参加者A　その日は代休だったことに気づいたのです．
参加者B　代休だったのですね．
　　　　（1分が経過し，タイマーが鳴ったところで）
進 行 役　時間となりましたので，中断してください．
　　　　　さて，3つの聞き方を体験しましたが，どの聞き方のときにいちばん話しやすかったかを，AさんはBさんに報告してください．無反応の第1段階のときか，一言一言繰り返してもらった第2段階のときか，うなずきや相づちの合間に繰り返してもらった第3段階のときかを，理由や感想も含めて話してください．
　　　　（Aが全員，報告し終えたことを確認したあとに）
　　　　　それでは今度は役割を交代し，Aさんが3つの聞き方を試みましょう．Bさんは昨日の自分について，目が覚めてから順に，できるだけ詳しくお話しください．
　　　　（以下，同様に繰り返す）

補　　足

　対人場面のコミュニケーションでは，相手と一度も目を合わせないのも，相手をじっと凝視するのも，どちらも不自然です．視線を合わせたりそらしたりと，適切なアイコンタクトをとるのがもっとも自然であり，そのようなアイコンタクトを実現するうえで，90度（直角）法が便利なのです．
　無反応で聞かれると，さすがに話しにくいでしょう．かといって一言一言繰り返しをされても，話の腰を折られるようで，しゃべりづらくなります．うなずきや相づちの合間に，節目だけを繰り返してもらったほうが，受け手の熱意が効果的に伝わり，もっとも話しやすくなるのです．
　繰り返しの技法で大切なのは，オウム返しにしないことです．たとえば送り手が「昨日，家族が訪ねてきました」と語ったならば，受け手は「ご家族がいらっしゃった」と自分なりの言葉に置き換えて，最後に「……のですね」をつけて返すと効果的です．

ワークシート

1. 2人一組でAさんとBさんを決めて，2人は90度（直角）法で座ってください．
2. Aさんは，目が覚めてから寝るまでの昨日の自分を，順を追って詳しくBさんに話してください．BさんはAさんの話を，首も振らずにただ黙って，無反応で聞くように努めてください．1分が経過したところで中断し，3に進みます．
3. Aさんは昨日の自分について，先ほどの続きをBさんに話してください．BさんはAさんの話を「……ですね」「……ですね」と，一言一言繰り返しながら聞いてください．Bさんが一言一言繰り返せるように，Aさんはゆっくりと間をおきながら，話していきます．1分が経過したところで中断し，4に進みます．
4. Aさんは昨日の自分について，先ほどの続きをBさんに話してください．BさんはAさんの話を，首を縦に振ってうなずいたり，「ふん，ふん」と相づちを打ったりしながら聞き，重要だと思われる言葉（あるいは話の節目節目）のみを繰り返してください．
5. AさんはBさんに対して，上記2～4のうち，どの聞き方のときがもっとも話しやすかったかを，その理由も含めて報告してください．
6. ひと通り終えたところで，2人は役割を交代して，もう一度2～5に取り組みます．

〔座席の配置法〕

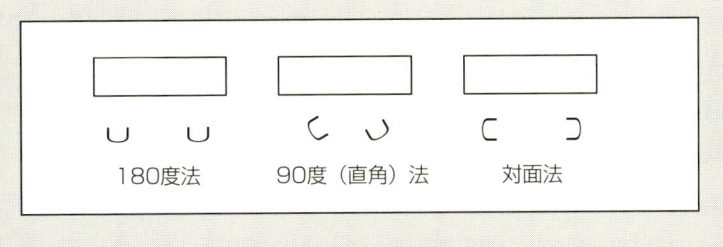

　　180度法　　　90度（直角）法　　　対面法

5 要約の技法トレーニング
「聞き方」を身につける

ねらい

　要約の技法とは，相手がひと通り話し終えたあとに，その要点をかい摘んで，手短に繰り返すことです．

　送り手が長話をして，しかも早口であったために，4で紹介した「繰り返しの技法」が使えなかった場合には，要約の技法を使うことにより，繰り返しの技法と同じ効果を得ることができます．また，繰り返しの技法を使いながら聞くことができたとしても，要約の技法で要点をもう一度確認することによって，いっそう確かなコミュニケーションを実現できるのです．

　自分でも何がいいたいのかわからないほど，頭の中が混乱している人は，長話になりがちです．そういう相手に対しても，要約の技法を使うことにより，問題を整理してあげることができます．

人数・所要時間

　一度に体験できる人数は2人から無限大で，解説も含めた所要時間はおよそ30分です．

準　　備

　会場は教室形式で，参加人数分の机と椅子を必要とします．そのほかに，時間を測定するためのタイマーがあると便利です．

進め方

　参加者には2人一組でAさんとBさんを決めてもらい，2人が対話しやすいように90度（直角）法で着席してもらいます．

　「ねらい」で述べたような趣旨を簡単に説明したうえで，進行役は参加者に次のように伝えます．

教室形式（90度法）の会場

進 行 役　Aさんは「最近，うれしかったこと」を，その前後の状況も含めて，1分ほどで話してください．「うれしいことは何もない」というAさんは，「最近，印象に残っていること」でも結構です．たとえば「買い物にいったら，お釣りを余計にもらった」とか，「捜し物がみつかった」など，日常生活のなかでよくある些細なことで結構です．1分が経過したところでタイマーを鳴らします．話を中断する必要はありませんが，終わらせるように努力してください．

　　　　　BさんはAさんの話を，促しの技法を使いながら聞きます．そしてAさんの話が終わったらすぐに，「要するに，……ですね」と，要点だけを返してください．

　　　　　要点を返されたAさんは，要約に納得できたかどうかをBさんに報告してください．納得できなかった場合には，その理由も含めて報告します．

　　　　　Aさん，話題は決まりましたでしょうか．
　　　（Aさんが全員，話題を決めたことを確認したあとに）
　　　　　それではAさんは，「昨日の話ですが」とか，「1週間ほど前の話ですが」などと，Bさんに話し始めてください．

参加者A　先週の話ですが，久しぶりに旧友と会い，一緒に飲みにいきました．懐かしい話題に花を咲かせて，ずいぶんと深酒をしてしまった

ようです．途中で記憶がなくなってしまい，気がついたら自宅で目が覚めたのです．以前はお酒に強くて，どれだけ飲んでも乱れることはありませんでした．もう，以前のように若くないので，飲みすぎには気をつけなければと，反省しています．

参加者B　深酒で記憶をなくしてしまい，反省しているのですね．
参加者A　まったく，そのとおりです．
　　　　（タイマーが鳴って，しばらく経過したところで）
進 行 役　Bさんはうまく要約できましたか．
　　　　（Bさん全員が要約を終えたことを確認したあとに）
　　　　　それでは，今度は役割を交代し，Aさんが要約の技法を試みましょう．Bさんは「最近，うれしかったこと」や「最近，印象に残っていること」など，何か話題を決めてください．
　　　　（以下，同様）

[　補　　　足　]

　要約の技法で大切なのは，長話を長話で要約しないことです．枝葉は可能なかぎり切り捨てて，話の幹だけを手短に返すのです．相手の話が終わり次第，応答のタイミングを外すことなく，ただちに要約しなければなりません．そのためには，相手の話が終わったあとに話の要点を考えるのでは手遅れで，要点を押さえながら聞くことが必要となります．

　あらかじめ参加者の1人に長話をしてもらい，進行役が要約の技法の見本を示すと，いっそう高い学習効果が得られます．

ワークシート

1. 2人一組でAさんとBさんを決めて，2人は90度（直角）法で座ってください．
2. Aさんは，最近うれしかったこと，もしくはいままでの人生でうれしかったことを，その前後の状況も含めて1分前後でBさんに話してください．買い物をしたら余計に釣り銭をもらったとか，はじめての子どもが産まれたなど，どんなことでも構いません．
3. BさんはAさんの話を，要点を押さえながら聞きます．そしてAさんの話が終わり次第，すぐに要点をまとめて，「要するに……ですね」と，できるだけ短くAさんに返してください．
4. Aさんは要約に納得できたかどうかを，Bさんに報告します．納得できなかったときは，その理由も同時に伝えてください．
5. ひと通り終えたら，AさんとBさんは役割を交代して，もう一度2～4に取り組みます．

〔座席の配置法〕

180度法　　90度（直角）法　　対面法

6 質問の技法トレーニング

「聞き方」を身につける

ねらい

　コミュニケーションは，メッセージをやり取りするだけではありません．メッセージのやり取りを通して，相手の認知，感情，思考，行動などに何らかの影響を及ぼすことになるのです．

　たとえばカウンセリングでは，カウンセラーとクライアントとの間で，さまざまな言葉を交わすことになります．両者の間で交わされる言葉を外言語といいますが，その外言語がクライアント自身の内言語，つまり内的思考に使われる言葉を活性化させ，クライアントが抱える問題の理性的・現実的な自己解決を促すのです（右下図参照）．

　相手の思考を活性化させるには，質問の技法をうまく使わなければなりません．つまり，考えなくてもすぐに答えられるような「閉じた質問」はできるだけ避けて，考えないと答えられないような「開いた質問」を，相手に投げかけるのです．

　イエスかノーで答えられる問いは，閉じた質問の典型です．また年齢，職業，家族構成なども，考えずに答えられる「閉じた質問」となります．これに対して，「どのようにお考えですか」という質問にはすぐに答えられず，答えるために思考を必要とします．このような「開いた質問」をうまく連投し，相手の思考が深まるように支えるのが，ここに紹介する質問の技法です．

人数・所要時間

　一度に体験できる人数は2人から無限大ですが，2人一組となるために，偶数人数であることが望まれます．参加者が奇数人数の場合は，進行役もしくはそのアシスタントも体験に加わることで，偶数人数にする必要があります．

　2人一組の組み合わせが完了してからの所要時間は，解説も含めておよそ30分です．

教室形式（90度法）の会場

黒　板

外言語と内言語

準　　備

　会場は全員が黒板（ホワイトボード）に向かう教室形式で，椅子は参加人数分を必要としますが，机はなくても構いません．参加者は全員が2人一組となるために，3人掛けの長机は2人で使うと好都合です．
　そのほかに，時間を測定するためのタイマーがあると便利です．

進　め　方

　参加者には2人一組でAさんとBさんを決めてもらい，2人が対話しやすいように90度（直角）法で着席してもらいます．「ねらい」で述べたような趣旨を簡単に説明したうえで，進行役は参加者へ次のように伝えます．

進 行 役　Aさんは，ちょうどテレビでよくみるトーク番組の司会者になったつもりで，ゲストのBさんへ，夢（人生の目標）についてインタビューします．

　　　　　Aさんは「いくつかの質問をさせていただきますので，よろしくお願いいたします」という言葉から始めて，最初は職業や趣味や家族構成など，考えなくてもすぐに答えられる「閉じた質問」を重ねます．

　　　　　しばらくしたら，Aさんは「ところで，あなたの夢についてお聞かせいただけますか」と切り出し，Bさんに夢をできるだけ多く語ってもらうよう，考えなくては答えられない「開いた質問」に切り替えてください．たとえば，「そのような夢を，どうして抱くようになったのですか」「それはどのように実現するつもりですか」「夢にどれくらい近づいていると思われますか」などと尋ね，Bさんに考えを深めてもらいます．

　　　　　5分が経過しましたら，タイマーを鳴らしますので，中断してください．何か質問はありますか．

参 加 者　Bさんに特に夢のない場合には，どうすればよいのですか．

進 行 役　たとえば「生きがいについて」とか「最近，気がかりなこと」など，Bさんの思考が深まりそうな話題であれば，なんでも構いません．
　　　　　（ほかに質問がなければ）
　　　　　それではAさんは，「いくつかの質問をさせていただきますので，よろしくお願いいたします」と話し，Bさんへのインタビューを始め

　　　　　てください．スタート．
　　　　　（といってタイマーを押す）
参加者A　よろしくお願いいたします．いくつかの質問をさせていただきます．
参加者B　どうぞ，どうぞ．
参加者A　今日は，どちらからいらっしゃいましたか．
参加者B　大阪からです．自宅も職場も大阪です．
参加者A　あっ，そうですかー．大阪には長くお住まいですか．
参加者B　生まれは九州ですが，小学生のときに引っ越して以来，大阪です．
参加者A　私も仕事でたびたびいきますが，人情も厚いし，食べ物もおいしいし，いいところですよね．
参加者B　そうですか．
参加者A　ところで，Bさんが日頃，抱いている夢について，お聞かせいただけますか．
参加者B　夢ですか．そうですね．とりあえずは結婚することでしょうか．
参加者A　いまは，おひとりなんですね．
参加者B　はい，そうです．
参加者A　理想の相手は，どのような人ですか．
参加者B　そうですね．しっかりした女性が理想でしょうか．
参加者A　しっかりした女性ですか．たとえばどのようなことで，しっかりした人ですか．
参加者B　えーっと，たとえば自分の考えをしっかりと持っている人です．
参加者A　自分の考えをきちんと持ち，それをはっきりといえる人ですね．
参加者B　そのとおりです．
参加者A　どうしてそのような人を理想とお考えなのですか．
参加者B　えーっと，考えたことはなかったのですが，たぶん，私の母が気丈夫な人だったので，そこからきているのかもしれません．
　　　　　（5分が経過し，タイマーが鳴ったところで）
進行役　時間となりましたので，中断してください．
　　　　いかがでしたか．それでは，いまインタビューを受けたBさんは，どれぐらい夢を考えることができたか，Aさんに報告してください．
参加者B　母親が話題になったのは，意外でした．十分とはいえませんが，まあまあ考えることができたと思います．

参加者A　ありがとうございました．
　　　（Bさんが全員，報告したことを確認したあとに）
進行役　それでは，AさんとBさんは役割を交代して，今度はBさんがAさんにインタビューします．Bさんは「いくつかの質問をさせていただきますので，よろしくお願いいたします」と，Aさんへのインタビューを始めてください．スタート．
　　　（といってタイマーを押す．以下，同じ）

> 補　　　足

　相手に思考を深めてもらうためには，うなずいたり相づちを打ったり，あるいは相手の言葉を繰り返したりしながら聞くことはもちろんですが，さらに，いくつかの「開いた質問」をうまくつなげていくことも大切です．たとえば上記の「進め方」を例にすると，「どのような人ですか」という質問のあとに，「どのようなことで，しっかりした人ですか」という質問を重ねることで，「しっかりした人」をさらに具体的に考えるように，つなげているのです．
　開いた質問を繰り返すうちに，「Aにしようか，それともBにしようか」という選択の問題や，「Aにしようか，それともAをやめようか」という決心の問題を，相手が抱えていることが明らかになる場合もあります．そのようなときには，「Aにしなさい」という指示や「Aにしたらどうですか」という助言ではなく，やはり本人に考えてもらい，主体的な自己決定ができるように，開いた質問でかかわることが重要です．
　たとえば，「結婚しようか迷っている」という相手には，「結婚しなさい」という指示や「結婚してはいかがですか」という助言ではなく，「結婚するとしたら，どのようなことが心配なのですか」と質問し，まずは結婚した場合のことを考えてもらいます．そしてさらに，「結婚しなかったとしたら，どのようなことが問題なのですか」と尋ねて，結婚しなかった場合のことも考えてもらうのです．こうして両方の選択肢を十分に考えることにより，自己決定のための条件が整ったところで，「それでは，結婚についてのいまのお気持ちは，いかがですか」と質問して自己決定を促すのです．
　一組がトレーニングをして，ほかの参加者はそれを観察するだけでも学習効果が得られます．トレーニングの模様を録音・録画し，トレーニングのあとに再生すると，いっそう充実した振り返りができるでしょう．

ワークシート

1. 2人一組でAさんとBさんを決めて，2人は90度（直角）法で座ってください．AさんはBさんに対して，夢（人生の目標）についてインタビューします．
2. 最初にAさんはBさんに対して，職業や趣味など考えなくてもすぐに答えられる「閉じた質問」を重ねてください．そして，しばらくしたらAさんは「ところで，あなたの夢について，お聞かせください」と切り出し，「それはどのように実現するつもりですか」などと，Bさんが考えなくては答えられない「開いた質問」を重ねてください．
3. 5分が経過したところで中断し，Bさんは自分の夢について，どの程度に考えることができたかを，「十分にできた」「まあまあできた」「あまりできなかった」の3段階で，Aさんに報告します．
4. ひと通り終えたところで，AさんとBさんは役割を交代して，同様に2〜3を繰り返してください．

〔座席の配置法〕

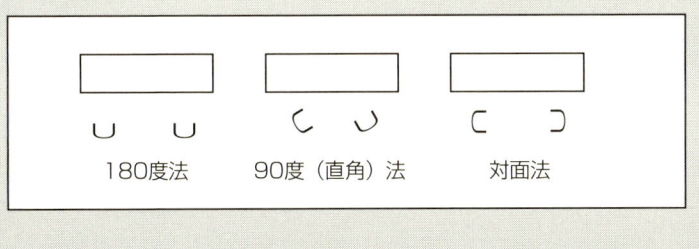

180度法　　90度（直角）法　　対面法

7 共感の技法トレーニング
「聴き方」を身につける

ねらい

　話の「きき方」には，前章Ⅰですでに述べたように，「聞く」と「聴く」という二通りの方法があります．「聞く」が相手の言葉を額面どおりに受け取ることであるのに対して，「聴く」は，言葉の奥にある相手の気持ちにまで耳を傾けることです．

　相手の気持ちにまで耳を傾けながら，その気持ち（感情）を共有することで，相手の冷静さを引き出すことができます．そのような聴き方として，共感の技法を紹介します．

　共感とは，相手の気持ちに沿いつつ，その気持ちに理解を示すことです．混同されやすい言葉に同情がありますが，同情は自分を基準に，相手に対して一方的に感情的反応を示すもので，共感とは似て非なるものです．共感は，あくまでも相手を基準にしながら，相手の気持ちを正確に理解し，自分が理解していることを相手に伝えるのです（右上図参照）．

　相手が何かの問題に直面し，強い不快感（悲しみや怒りなど）を抱いているときには，理性的に考えるように促したり，励ましたりする前に，まず共感することが必要です．うまく共感することにより，相手の不快感は効果的に緩和され，冷静さを取り戻すことができます．冷静さを取り戻して初めて，直面した問題を理性的に考えたり，まわりからの励ましを受け入れたりすることが可能になるのです（右下図参照）．

　ただし相手の気持ちを理解したつもりでも，それが相手に伝わらなければ，相手に変化は生じません．うまく共感するためには，まず相手の気持ちを，その種類と程度まで正確に把握し，それを自然な言葉で表現して相手に返さなければならないのです．たとえば相手の言葉に耳を傾けているうちに，強い自己嫌悪感を抱いていることがわかったとすると，「ご自身にすっかり愛想が尽きてしまったのですね」と，気持ちを込めて返すことになります．

同情と共感

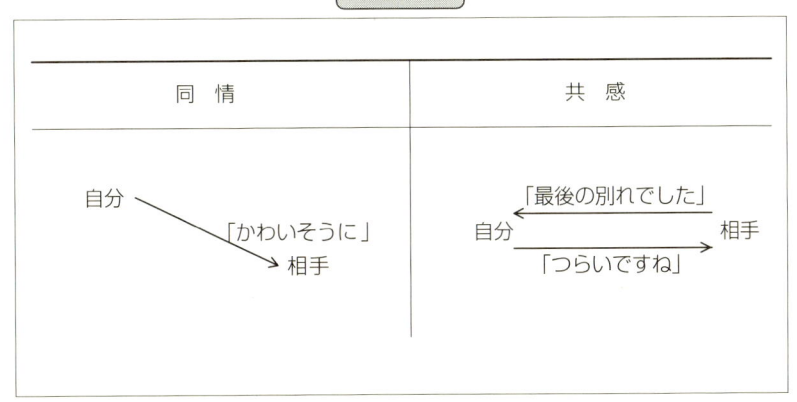

同　情	共　感
自分 →「かわいそうに」→ 相手	自分 ←「最後の別れでした」 相手 / 自分 →「つらいですね」→ 相手

共感による心の変化

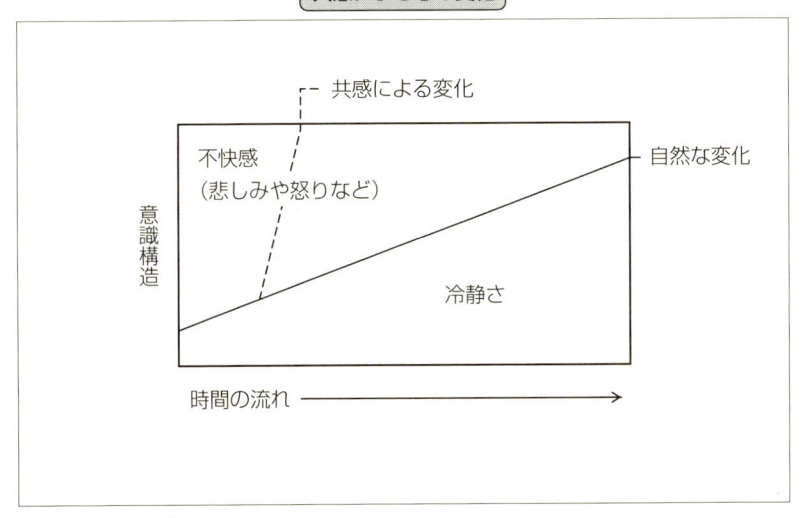

- 共感による変化
- 不快感（悲しみや怒りなど）
- 自然な変化
- 冷静さ
- 意識構造（縦軸）
- 時間の流れ（横軸）

人数・所要時間

一度に体験できる人数は2人から無限大ですが，2人一組となるために，偶数人数であることが望まれます．

2人一組の組み合わせが完了してからの所要時間は，解説も含めておよそ60分です．

準　　備

会場は全員が黒板（ホワイトボード）に向かう教室形式で，椅子は参加人数分を必要としますが，机はなくても構いません．

そのほかに，時間を測定するためのタイマーがあると便利です．

進　め　方

参加者には2人一組でAさんとBさんを決めてもらい，対話しやすいように90度（直角）法で着席してもらいます．「ねらい」で述べたような趣旨を簡単に説明したうえで，進行役は参加者に次のように伝えます．

進行役　まずAさんは，いままでの人生で不快に思った体験を思い出し，それをBさんに話してください．ただし，いままでの人生でいちばん不快だった体験は，心のバランスを崩してしまう恐れがありますので，思い出さないでください．トレーニングの場ですから，深刻すぎる話題はふさわしくありません．たとえば，「高価な買い物をしたところ，不良品だった」とか，「家族と口論になった」とか，少々深刻な体験でも結構です．また「通勤電車のなかで足を踏まれた」とか，「天気予報がはずれて雨に濡れた」など，ささいな体験でも結構です．

　1分が経過したところでタイマーを鳴らします．話を打ち切る必要はありませんが，話を終わらせるよう努力してください．

　Bさんは，Aさんの話にうなずいたり，相づちを打ったり，時には節目節目を繰り返したりしながら聴き，Aさんが抱いた感情の種類と程度を推測するように努めてください．一言で不快な感情といっても，悲しみ，怒り，恐れ，恥ずかしさ，憂鬱など，さまざまなものがあります．たとえばAさんが悲しい思いをしたとして，それを怒りと取り違えては，共感したことになりません．また，感情の程度も大小さま

教室形式(90度法)の会場

ざまであり,食事も喉を通らないほどの大きな悲しみを,ちょっとした物悲しさと取り違えたら,共感したことにはならないのです.

　Aさんは感情の種類と程度を気にせずに,体験した出来事を「ああだ,こうだ」と話していただくだけで結構です.感情の種類と程度を気にしなければならないのは,Bさんです.BさんはAさんの話が終わり次第,推測した感情の種類と程度を,できるだけ自然な言葉で返してください.たとえばAさんの抱いた感情を大きな怒りだと推測したとしても,「あなたは大きな怒りを抱いたのですね」ではリアリティに欠けます.ましてや「あなたの抱いた感情の種類は怒りで,程度は大きいですね」では,あまりにも分析的で冷淡に思われます.「私の気持ちをわかってもらえた」とAさんに思ってもらうためには,「腸が煮えくり返るような思いをされたのですね」などと,気持ちを込めて表現する必要があるのです.
(参加者からの質問がなければ)
　　Aさんは話題を決めましたか.
(Aさんが全員,話題を決めたことを確認して)
　　それでは,「昨日の話なのですが……」とか「1年前のことですが……」などと,AさんはBさんに話し始めてください.スタート.
(といってタイマーを押す)

参加者A　学生時代の話ですが，卒業年次の終わりに卒業試験があり，油断してはいけないと思っていたのに，つい怠けてしまいました．そして準備も不十分なまま試験に臨むことになったのですが，就職も内定していたし，まさか不合格にはならないだろうと，高をくくっていました．ところが結果は不合格で，ほかの仲間は卒業旅行に出かけるなか，自分だけが再試験を受けることになり，なんともいえない気持ちでした．

参加者B　ご自分だけが取り残されたようで，とても寂しかったのですね．

　　　　（タイマーが鳴って，しばらく経過したところで）

進行役　Bさんはうまく共感できましたか．

　　　　（Bさんが全員，共感の技法を試みたことを確認して）

　　　さて，Aさんは自分の気持ちがBさんにどの程度，わかってもらえたと思いますか．「とてもよくわかってもらえた」と思うか，「まあまあ，わかってもらえた」と思うか，それとも「あまりよくわかってもらえなかった」と思うか，正直なところを3段階でBさんに報告してください．その際には，たとえば「怒りではなくて悲しみでした」とか，「もう少し小さな怒りだったと思います」というように，必ず理由も伝えてください．

　　　それではAさんは，Bさんに報告してください．

参加者A　まあまあ，わかってもらえたと思います．寂しかったのは確かですが，それだけではなく，恥ずかしさや自己嫌悪感も混じった複雑な心境だったのです．

　　　　（Aさんが全員，報告し終えたことを確認して）

進行役　それでは今度は役割を交代し，Aさんが共感の技法を試みましょう．Bさんはいままでの人生で不快に思った体験を思い出し，「昨日の話なのですが……」とか「1年前のことですが……」などと，話し始めてください．スタート．

　　　　（といってタイマーを押す．以下，同じ）

[補　　　足]

「がんばって」とか「元気を出して」という励ましの言葉を，私たちは日常会話のなかで頻繁に使います．このような励ましの言葉には，けっして悪意があ

ワークシート

1. 2人一組でAさんとBさんを決めて，2人は90度（直角）法で座ってください．
2. Aさんは，最近つらかったこと，もしくはいままでの人生でつらかったことをその前後の状況も含めて1分程度でBさんに話してください．洋服のファスナーを閉じ忘れて外出してしまったとか，職場で大喧嘩をしたとか，どんなことでも構いません．ただしトレーニングの場なので，深刻すぎる問題はふさわしくありません．
3. Bさんは話しを聴きながら，Aさんが抱いた感情を，その種類（怒りか，悲しみか，恐れかなど）と程度（大きな怒りか，些細な怒りか）まで推測してください．そしてAさんの話が終わったらすぐに，Bさんは推測した感情の種類と程度をできるだけ自然な言葉で表現して，Aさんに返してください．たとえば大きな怒りだと推測したら，「腸が煮えくり返るほど，腹立たしかったのですね」という具合です．
4. Aさんは，自分の不快な感情がどの程度に理解されたと思うかを，「とてもよく理解された」「だいたい理解された」「あまり理解されなかった」の3段階でBさんに伝えてください．「だいたい理解された」「あまり理解されなかった」の場合には，その理由も同時に報告します．
5. ひと通り終えたところで，AさんとBさんは役割を交代し，改めて2～4に取り組んでください．

〔座席の配置法〕

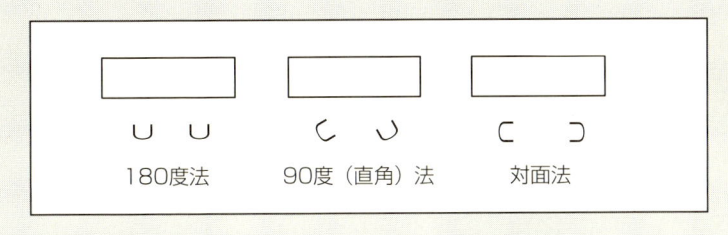

180度法	90度（直角）法	対面法

るわけではありません．ただし，使い方によっては毒にも薬にもなることから，どのようなときに毒になるのかを知っておかないと，取り返しのつかないことにもなります．

　うつ病の患者への励ましが，自殺の引き金になりかねないことは，専門家の間ではよく知られています．また，うつ病ではなくても，ひどくふさぎ込んでいる相手には，励ましの言葉が心に届かず，それどころか反感を招くことも少なくないのです．このことは，音楽療法で用いられる次のような原理からも，理解することができます．

　音楽療法とは，音楽を利用して心のバランスを回復する試みであり，その際には，「同質の原理」が用いられます．つまり，相手の気持ちと同じ質の音楽を選び，それを聴いてもらったり，歌ってもらったりすることにより，不快な感情にカタルシス（浄化作用）をもたらすのです（右上図参照）．

　共感し，相手の気持ちに付き添えば，音楽療法と同じ効果が期待されます．不快な感情に強く支配されている人に対し，その気持ちに付き添うことなく，ただ単に励ましたり勇気づけたりするのは，ちょうど絶望のどん底でふさぎ込んでいる相手に，浮き足だった軽快な音楽を聴かせるようなものです．

　相手の気持ちを正確に把握するためには，言葉を額面どおりに受け取るのではなく，言葉の奥にある相手の気持ちにまで耳を傾けなければなりません．たとえば，相手が「怒ってはいないよ．大丈夫だよ」と顔を引きつらせながらいったとしたら，その言葉をそのまま信じる人はいないでしょう．なぜならば，言葉とは裏腹の引きつった表情が，「本当は怒っている」というメッセージを表わしているからです．

　このように，言葉によって抑制された本当の気持ちは，意識的なコントロールのむずかしい語調や表情などに表われがちです．話の脈絡はいうまでもなく，言葉にともなう語調（準言語）や表情・動作（非言語）にまで，注意を払うことが大切なのです．

　把握した相手の気持ちを適切な言葉で相手に返す際にも，自分の語調や表情などに注意を払わなければなりません．深い悲しみに支配されている相手に，言葉では「悲しくてたまらないのですね」と返したとしても，そのときの語調が単調だったり，表情が笑顔であったりすれば，共感の効果は期待できません．「悲しくてたまらないのですねー」と語尾をのばし，同時に悲哀に満ちた表情を示すほうが，共感していることがうまく伝わるのです（右下図参照）．

同質の原理

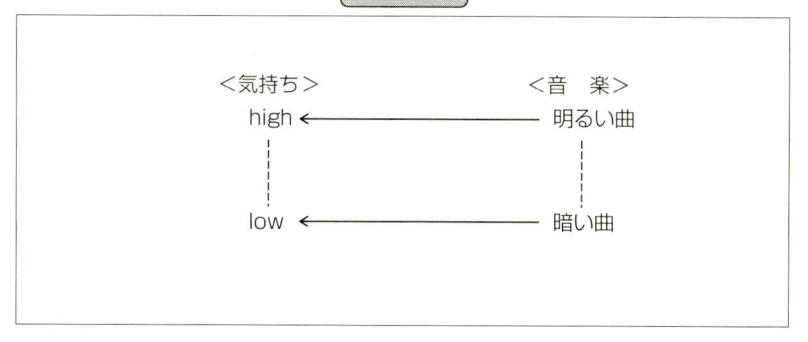

```
        <気持ち>              <音　楽>
         high ←───────────── 明るい曲
          ┆                    ┆
          ┆                    ┆
         low ←───────────── 暗い曲
```

言葉と語調と表情

言　葉（言　語）：　　「つらいですね」　　　「つらいですね」

語　調（準言語）：　　・・・・・●　　　　　・・・・・─

表　情（非言語）：　　　（＾_＾）　　　　　　（´∧｀）

8 価値交流学習

受容について学ぶ

［ねらい］

相手に共感したり，自己決定や自己解決を支えたりするうえで，自分の審判的な態度は妨げとなります．「好き・嫌い」「善い・悪い」「正しい・誤っている」などの価値判断を頭ごなしに下してしまえば，相手の気持ちに付き添うことも，相手の主体的な思考を支えることもむずかしくなるのです．

「何をいっても否定されることなく，とりあえずは聞いてもらえる」という受容的な雰囲気が，相手の自由な思考と発話を促します．相手を受容するとは，相手をあるがままに受け入れることであり，そのためには自分の価値判断を脇におき，相手を十分に理解することが必要なのです．

「補足」のところで詳述しますが，実は私たち日本人は，自分と異なる相手を受容することが苦手です．それは日本の歴史・社会と深くかかわっており，したがってそうそう簡単に受容的態度を身につけることはできないのですが，ここでは受容についての理解を少しでも深めるための体験として，価値交流学習を紹介します．

［人数・所要時間］

一度に体験できる人数は，2人から無限大ですが，参加者数が多い場合には，いくつかの小グループに分けます．参加者はグループで話し合うことになりますが，効果的な話し合いのためには，3～5人のグループが好ましいでしょう．5人を超えるグループができるようであれば，さらにグループ分けします．

グループ分けができてからの所要時間は，解説も含めておよそ30分です．

［準　備］

全員が黒板（ホワイトボード）に向かう教室形式でスタートしますが，のちに3～4人で一組となり，テーブルをはさんで座ることになります．したがっ

教室形式の会場

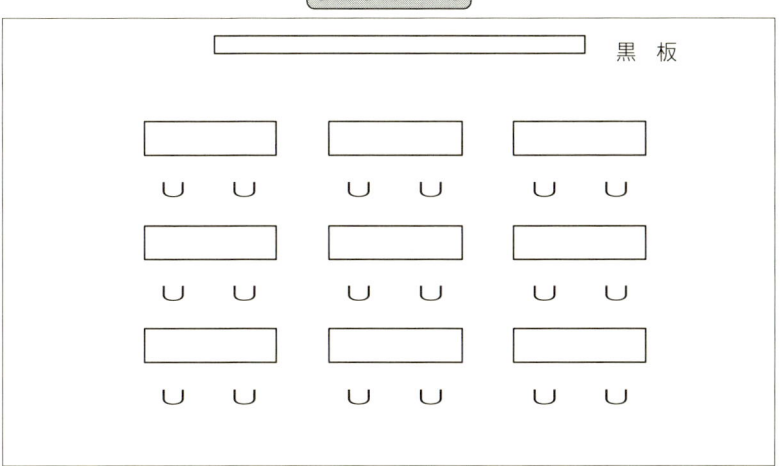

黒板

3～4人一組のつくり方

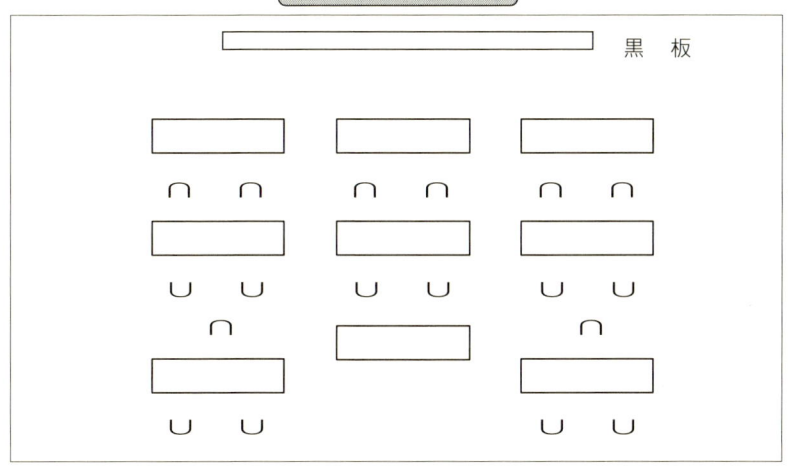

黒板

て椅子は床に固定されていないことが望まれます．

　主催者（もしくは進行役）は，ワークシート（87頁）を参加人数分＋α用意しておきます．そのほかに，時間を測定するためのタイマーがあると便利です．

　参加者には，筆記用具（鉛筆と消しゴム）を持参してもらいます．

進　め　方

　黒板（ホワイトボード）に向かう教室形式で，参加者全員に着席してもらいます．

　ワークシートを配布し，進行役は参加者に次のように伝えます．

<u>進行役</u>　いま配布したシートに権力，健康，学歴，愛情，名誉，金銭，誠実と，7つの項目があります．まずご自分で優先順位を決めて，「自分の順位」欄に，大切な順に1～7の数字を記入してください．

（全員が記入し終えたことを確認して）

　　　　次に3人か4人で一組になります．近くの人と3人か4人で一つのテーブルを囲んでください．

（全員が3～4人で一組になったことを確認して）

　　　　いまから，他のメンバーが記入した優先順位を，「他者の順位」欄へ氏名とともに書き写していきます．どなたからでも構いませんので，○○ですと，ご自分の名前を伝えてください．そしてご自身のシートをほかの人にみせながら，たとえば「2，3，5，4，1，6，7」と，優先順位を権力から順に読み上げていきます．ほかの人は，その人の氏名と優先順位を書き写してください．

　　　　それでは，どうぞ．

（全員がほかのメンバーの氏名と優先順位を書き写したところで）

　　　　写し終えたところで，ご自分の優先順位とほかの人の優先順位を比較し，気づいたことをシートに記入してください．どんなことでも結構です．

（全員が記入し終えたことを確認して）

　　　　次に，メンバー全員で，どこまで合意できるか話し合ってください．時間は10分です．ただし，多数決を取ることや，電卓を持ち出して平均値を求めることなどはもちろんせずに，全員が納得できるまで徹底的に話し合ってください．

参 加 者　合意できなかったときは，どうすればよいのですか．
進 行 役　合意できなければそのままにしておき，合意できた項目だけに，順位をつけていきます．合意することよりも話し合うことを重視してください．

　　　　（ほかに質問がなければ）

　　　　　それでは話し合いを始めてください．スタート．

　　　　（といってタイマーを押す）

参加者A　4人のうちの3人が健康に1番をつけていますが，Bさんだけ健康を3番にされました．どうしてですか．

参加者B　健康か愛情か誠実かと迷ったのですが，結局，健康が3番となりました．私は子どもの頃から病気がちで，健康を1番にすると，私の価値がなくなってしまうような気がしたからです．

　　　　（10分が経過し，タイマーが鳴ったところで）

進 行 役　時間となりましたので，話し合いを中断してください．結論が出ていなくても結構ですので，話し合って気づいたことを，各自で記入してください．

　　　　（全員が記入し終えたところで）

　　　　　それでは，いま記入したことをお互いに報告し合ってください．

補　足

　相手と価値観が異なるときの対応法には，対決と受容の2つがあります．対決とは価値観が同じになるように努力することであり，同じにならなければ，価値観の異なる相手を排除することになります．それに対して受容は，価値観が異なることを前提として，異なる相手と共存していくのです．

　横並び意識の強い日本人には，同じことをよいことだと考える傾向があり，みなと異なる相手を受容することが実は苦手です．そのために学校ではみなと少しでも異なる子どもはいじめられ，大人の社会でも出る杭は打たれることになります．

　受容が苦手なのは，日本の歴史や社会と深くかかわっているようです．欧米の多くの国ではたくさんの人種や民族の人たちが一緒に暮らしており，価値観やライフスタイルの違いが当たり前になっています．ところが日本は，欧米に比べると同質性の高い社会であり，そのために少しでもみなと異なる人がいる

と，気になって仕方がないのです．
　しかし，日本だけが真の国際化を避けて，国際社会から孤立するわけにもいきません．日本人もそろそろ対決から受容へと，態度を変えることが迫られているといえるでしょう．
　受容とは，自分の価値観を捨てて，自分が相手と同じになることではありません．「自分の健康1番は変わらないが，健康を3番にしている相手もよく理解できる」というように，自分の価値観を大切にしつつ，同時に相手の価値観も尊重することが，受容なのです．したがって価値交流学習では，結論を出すことがゴールではなく，お互いの価値観を理解し合うその過程が大切なのです．
　受講者たちが価値交流学習を通して，自発的に受容し合うようになれば成功ですが，いっそう効果を高めるために，上述のような小講義を締めくくりとして行なうのもよいでしょう．

ワークシート

1. 権力，健康，学歴，愛情，名誉，金銭，誠実の7つの項目について，自分自身で優先順位を決め，大切な順に1～7の数字を「自分の順位」欄に記入してください．
2. ほかのメンバーが記入した優先順位を「他者の順位」欄へ，氏名とともに書き写してください．
3. 「写し終えて気づいたこと」を記入してください．
4. メンバー全員で，どこまで合意できるか，10分間話し合ってください．ただし多数決は取らず，全員が納得できるまで徹底的に話し合います．
5. 「話し合って気づいたこと」を記入し，報告し合ってください．

項目	権力	健康	学歴	愛情	名誉	金銭	誠実
自分の順位							
他者の順位 1							
他者の順位 2							
他者の順位 3							
他者の順位 4							
合意した順位							

写し終えて気づいたこと

話し合って気づいたこと

9 主張トレーニング
適切な主張について学ぶ

ねらい

　8で紹介した「価値交流学習」の過程では，多勢に無勢でいいたいこともいえず，納得できないままで終わることもありうるでしょう．また自信満々で強引な人が自分の価値観でほかの人を説き伏せ，不愉快にさせてしまうことも起こります．いうべきことをいえないために，あるいはいうべきことを過剰に言い過ぎるために，トラブルを招いている人は少なくないのです．

　いうべきことをいわないでおくと，とりあえずはその場の人間関係を丸く収めることができます．ところが，我慢しているうちに自分や相手に対する怒りが次第に蓄積していき，ついには爆発してしまうこともめずらしくはありません．また，過剰に言い過ぎると，話している最中は気分が高揚し，その直後の一瞬も気分はすっきりとしますが，結果としてトラブルの増幅を招き，言い過ぎた自分に後悔することが多いものです．

　メンバーが主張行動を身につけることに不安を感じる人がいるかもしれません．メンバーがいいたい放題になり，集団の秩序が乱れるのではないかと心配になるのです．確かに過剰な主張行動は攻撃行動に等しく，集団を無秩序にすることでしょう．しかしそうかといって，メンバーがいいたいこともいえずに潜在的な不満を抱えた状態で，はたして本当に活力のある集団を築くことができるのでしょうか．

　ここで紹介する「主張トレーニング」は，相手を尊重しながらも，いうべきことを適切に主張するための体験です．この適切な主張行動が集団の規範（ルール）となれば，いごこちのよい人間関係を築くことができ，活力のある集団を築くことが期待されるのです．

人数・所要時間

　一度に体験できる人数は，3人から無限大ですが，3人一組となるために3

の倍数の参加者数であれば好都合です．参加者が足りない場合には，進行役やアシスタントもトレーニングに加わることにより，人数を調節する必要があります．

　参加者が3人一組となり，着席してからの所要時間は，解説も含めておよそ60分です．

準　　備

　参加者全員が3人一組となり，テーブルをはさんで三角形で座ります．したがって椅子は，床に固定されていないことが望まれます．

　主催者（もしくは進行役）はワークシート（96頁）を参加人数分＋α用意しておきます．そのほかに，時間を測定するためのタイマーがあると便利です．

　参加者には，筆記用具（鉛筆と消しゴム）を持参してもらいます．

進　め　方

　黒板（ホワイトボード）に向かう教室形式で，参加者全員に2人一組で着席してもらいます．

　ワークシートを配布して，進行役は参加者に次のように伝えます．

進　行　役　いまから3人一組になります．最前列の方は椅子ごと180度回転して，2列目の人と机を囲んでください．2列目の右側の方は椅子ごと180度回転して，3列目の人とテーブルを囲んでください（91頁の図参照）．

　　（全員が3人一組になったことを確認して）

　　　　3人で，AさんとBさんとCさんを決めてください．

　　（A，B，Cが決まったことを確認して）

　　　　それではAさんは手をあげてください．

　　（Aさん全員が挙手したことを確認して）

　　　　結構です．次にBさんは手をあげてください．

　　（Bさん全員が挙手したことを確認して）

　　　　結構です．最後にCさんは手をあげてください．

　　（Cさん全員が挙手したことを確認して）

　　　　結構です．

　　　　いまからAさんはBさんに対して，何か一つお願いをしてくださ

　　　　い．「今日の夕飯を一緒に食べましょう」とか「明日まで千円を貸してほしい」など，どのようなことでも構いません．面倒なお願いよりも，ささいな願いごとのほうが頼みやすいでしょう．Aさんはなんだかんだと理由をつけて，一生懸命にお願いをします．
　　　　　BさんはAさんのお願いを断わります．Bさんもさまざまな理由をつけて，一生懸命に断わってください．
　　　　　お互いにけっして妥協しないでください．Cさんはレフリーです．2人とも黙ってしまうことがあれば，ファイトを促します．そして2分が経過したところで，どちらが優勢であったか，判定を下します．
参 加 者　AさんとBさんとで優劣つけがたいときには，どうすればよいのですか．
進 行 役　その場合には引き分けでも結構です．よろしいでしょうか．
　　　　　（ほかに質問がないことを確認し，すべてのAさんがお願いごとを決めたところで）
　　　　　それでは，AさんはBさんに「お願いがあるのですが」と話し始めてください．スタート．
　　　　　（といって，タイマーを押す）
参加者A　お願いごとがあるのですが，実は私は朝が弱いので，できれば明日の朝，起こしてもらえませんか．
参加者B　目覚まし時計がありますよね．
参加者A　目覚まし時計ぐらいでは，起きられないのです．
参加者B　私も朝が弱くて，自分のことで精一杯なんですよ．
　　　　　（2分が経過し，タイマーが鳴ったところで）
進 行 役　時間となりましたので，中断してください．そしてCさんは，どちらが優勢だったか判定を伝えてください．
　　　　　（すべてのCさんが判定を伝えたことを確認して）
　　　　　次は，Bさんがお願いをして，Cさんが断わります．Aさんはレフリーです．Bさんはお願いごとを決めましたか．
　　　　　（すべてのBさんがお願いごとを決めたところで）
　　　　　それではスタート．
　　　　　（といって，タイマーを押す）
　　　　　　　：

┌─────────────┐
│ 3人一組の会場 │
└─────────────┘

```
┌─────────────────────────────────┐ 黒 板
│                                 │
└─────────────────────────────────┘

  ┌──────┐   ┌──────┐   ┌──────┐
  └──────┘   └──────┘   └──────┘
   ∩  ∩      ∩  ∩      ∩  ∩
  ┌──────┐   ┌──────┐   ┌──────┐
  └──────┘   └──────┘   └──────┘
   ∪  ∩      ∪  ∩      ∪  ∩
  ┌──────┐   ┌──────┐   ┌──────┐
  └──────┘   └──────┘   └──────┘
   ∪  ∪      ∪  ∪      ∪  ∪
```

(2分が経過し，タイマーが鳴ったところで)
　時間となりましたので，中断してください．そしてAさんは，どちらが優勢だったか判定を伝えてください．
(すべてのAさんが判定を伝えたことを確認して)
　次に，Cさんがお願いをして，Aさんが断わります．Bさんはレフリーです．Cさん，お願いごとはよろしいでしょうか．
(すべてのCさんがお願いごとを決めたところで)
　それではスタート．
(といって，タイマーを押す)
　　　：
(2分が経過し，タイマーが鳴ったところで)
　時間となりましたので，中断してください．そしてBさんは，どちらが優勢だったか判定を伝えてください．
(すべてのBさんが判定を伝えたところで)
　それではみなさんに伺います．「自分は断わるのが苦手だ」と思った方は手をあげてください．
(手をあげた人を確認して)
　結構です．それでは逆に，「自分は不自由なく，自然に断われる」

と思った方は手をあげてください．
（手をあげた人を確認して）
　　　結構です．
　　　ここで，最初に配布したワークシート（96頁）のケース1～3に取り組みます．次のような場面に遭遇したとき，日頃のご自身であれば，どのように対応しますか．まずは1人で考えて，具体的な発話例，つまり話し言葉を，四角のなかに記述してください．
（3つのケースに全員が記入したことを確認して）
　　　それぞれに記述していただきましたが，これらのケースはどれも，主張行動がテーマになっています．つまり，いうべきことをいわずに我慢する「非主張行動」でもなく，逆に言い過ぎて相手を犠牲にする「攻撃行動」でもなく，相手の立場を尊重しながらも，いうべきことをはっきりと伝える「主張行動」について，学習するためのものです．
　　　次に，先ほどの3人で，それぞれがワークシートに記述した言葉をお互いに報告し合ってください．そのうえで適切な主張行動について，3人でアイデアを出し合い，具体的な発話例（話し言葉）を各ケースの下の四角に記述しましょう．

補　　　足

　最初に行なう3人一組でのロールプレイは，動機づけをねらいとしています．つまり，楽しみながら主張行動に興味・関心をもってもらうためのものです．まずはロールプレイで興味・関心を高めて，その後に具体的なケースにもとづき，各参加者が日頃の自分自身を振り返ります．そして，さらに非主張行動，主張行動，攻撃行動の特徴を理解したうえで，もう一度ケースに戻って参加者同士でアイデアを出し合いながら，主張行動への理解を深めていくことになるのです．
　ところで，私たちの身のまわりの人間関係を，①家族および家族同様の「身内」，②隣人や同僚などの「知人」，③移動中にすれ違うだけの「他人」と，3つに分けてみましょう．そうすると，たとえば知人には非主張行動に終始し，その結果として身内に攻撃行動をとってしまう人がいます．逆に，身内に非主張行動しかとれないために，知人に攻撃行動でかかわってしまう人もいます．さらに，他人に攻撃行動でかかわる人のなかには，身内や知人に対して非主張

非主張行動と攻撃行動の使い分け

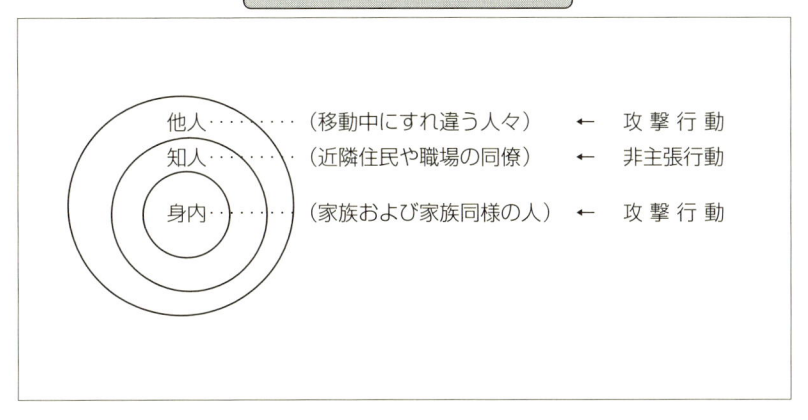

- 他人・・・・・・（移動中にすれ違う人々） ← 攻 撃 行 動
- 知人・・・・・・（近隣住民や職場の同僚） ← 非主張行動
- 身内・・・・・・（家族および家族同様の人） ← 攻 撃 行 動

行動でしか臨めない人もいます．つまり，どこかで非主張行動をとっていると，その反動として，別のどこかが攻撃行動となってしまうのです（上図参照）．身内にも，知人にも，他人にも，だれに対しても適切な主張行動を実践することが，何よりも大切だといえます．

　各ケースで適切と思われる主張行動の一例を，最後に紹介しておきましょう．

　ケース1の場合，「今日はちょっと都合が悪いのですが」と答えるでは，適切な主張行動とはいえません．私たちは「ちょっと」という言葉をたびたび使いますが，ちょっとではなくて大切な用事なのです．大切さを上司にわかってもらうためには，できるかぎり具体的に説明しなければなりません．たとえば「今日は父親の誕生日で，いつも親不孝をしているので，誕生日ぐらいはごちそうしようと思い，待ち合わせているのです」とか，「今日は息子の誕生日で，息子の友だちも集まってくるので，どうしても手料理をつくってあげたいのです」などです．また，たとえば，「私でないとできない仕事でしょうか」とか，「あいにく今日は無理なのですが，明日では間に合わないでしょうか」などと，仕事に対する積極的な姿勢も同時に示したいところです．

　ケース2の場合，「いい加減にしろ」とどなるだけでは，攻撃行動の典型になってしまいます．あなたが苛立っていることを家族は知らず，何よりも家族はテレビ番組を楽しんでいる最中なのです．あなたが仕事に集中でき，家族もテレビ番組を楽しむことができる方法を考えて，それを家族に提案しなければ

なりません．その際，持ち帰った仕事の大切さをわかってもらうために，長くならない程度に理由を添えることも大切です．たとえば，「明日の会議で発表する企画を練っているので，楽しんでいるときに悪いが，もう少し音量を下げてもらえないか」とか「ビデオに録画しておくので，今日は静かにみて，明日もう一度楽しむことにしないか」などです．

　ケース3の場合は，黙っているだけではもちろん非主張行動です．逆に，「高齢者に席を譲るのは当然だ」といわんばかりに，はじめから若者に注意すると，攻撃行動になりかねません．若者は高齢者に気づかなかっただけで，いつでも席を譲るつもりでいたとしたら，あなたの注意・叱責は不当な攻撃となってしまい，若者のプライドを傷つけるのです．杖をついた高齢者が間近に立っていることを知らせたうえで，若者本人の意思を尊重するような言葉かけが必要です．たとえば「足の不自由なお年寄りが乗ってきましたので，差し支えなければ優先席を譲ってもらえませんか」などとしたらどうでしょうか．

ワークシート

1. 3人一組となり，AさんとBさんとCさんを決めてください．
2. AさんはBさんに対して，何か一つお願いをしてください．「今日一日時計を交換しよう」とか「明日まで千円を貸してほしい」など，どのようなことでも結構です．Aさんはなんだかんだと理由をつけて，一生懸命にお願いします．一方，BさんはAさんのお願いを断わります．Bさんもいろいろな理由をつけて，一生懸命に断わってください．Cさんはレフリーです．
   2人とも黙ってしまうことがあれば，ファイトを促してください．そして2分が経過したところで，どちらが優勢だったか，判定を下します．
3. 次にBさんがお願いをして，Cさんが断わります．Aさんはレフリーです．
4. さらにCさんがお願いをし，Aさんが断わります．レフリーはBさんです．
5. ひと通り体験したところで，次頁のケース1～3に取り組みます．各ケースについて，日頃の自分であればどのように対応するか，まずは1人で考えて具体的な発話例（話し言葉）を空欄のなかに記述してください．
6. 最後に，相手を尊重しながらも，適切に主張する発話例（話し言葉）を3人で考えて，下の空欄に記述してください．

【ケース1】今日は大切な人の誕生日です．やるべき仕事を終えて帰ろうとしたら，上司に呼び止められて残業を依頼されました．すぐに職場を出なければ，あなたは約束の時間に間に合いません．

1人で考え

3人で考え

【ケース2】今日中に仕上げなければならない仕事があり，あなたは自宅に持ち帰りましたが，家族は楽しみにしていたテレビ番組に夢中です．テレビの音量はいつもより大きめで，家族もたびたび歓声をあげているため，あなたはなかなか仕事に集中できません．

1人で考え

3人で考え

【ケース3】電車に乗ると，吊革につかまったあなたの目の前で，シルバーシートに座った若者が漫画本を読みふけっています．途中の停車駅で杖をついたお年寄りが乗車し，シルバーシートの前まできましたが，若者は気づかず，お年寄りも諦め顔で黙っています．

1人で考え

3人で考え

10 協力ゲーム
協調関係を形成・強化する

ねらい

　協調関係とは，サッカーなどの団体球技で典型的にみられるように，メンバー間に共通の目標があり，その目標にメンバー全員が同時に到達することを特徴とする関係です．目標に到達するためにメンバー間で役割が分担されることも多く，役割が固定された高度な組織へと発展することもあります．

　それに対して，メンバー間に共通の目標はあるが，特定のメンバーの目標到達がほかのメンバーの不到達につながる関係を，競争関係といいます．レースやコンテストなどで典型的にみられるほか，団体球技でもチーム間では競争関係となります．

　メンバー間の意思疎通や友好的な雰囲気などの点において，競争関係よりも協調関係のほうがすぐれていることは，いうまでもありません．しかし，だからといって，いつでもどこでも協調関係を結ぶことが，望ましいわけでもないのです．もしも競争をルールとするときに協調するならば，不正行為になってしまいます．競争がルールのときには競争関係を，そして協調がルールのときには協調関係を結べる柔軟さが，何よりも求められます．

　組織を構成するメンバーは，協調関係で結ばれています．各メンバーがそれぞれの地位にもとづく特定の役割を担いながら，互いに補完し合うことで，組織全体としての働きを実現しているのです．

人数・所要時間

　「協力ゲーム」の場合，一度に体験できる人数は2人から無限大ですが，3〜5人のメンバーからなるチームを一組以上構成できる人数が理想です．人数はチーム間で同じであることが望まれますが，参加人数によっては4人一組を基準として，一部のチームだけが3人もしくは5人になっても構いません．

　チームづくりが完了してからの所要時間は，解説も含めておよそ30分です．

[準　　備]

　参加人数分の机と椅子が必要であり，同じチームのメンバーが一つのテーブルを囲むように座ります．たとえば2人用の長机であれば，机を2つ寄せて，そのまわりに4人が座るというように，グループワーク形式に会場を設営します．参加人数によっては，3人一組や5人一組でも構いません．

　主催者（もしくは進行役）は，はがき大のカードを参加人数分，用意しておきます．

[進　め　方]

　参加者には4人一組で，テーブルを囲んで座ってもらいます．参加人数が4の倍数でない場合，3人一組もしくは5人一組のチームを必要に応じてつくります．

　全員が着席したあとに，はがき大のカードを1人1枚ずつ配布します．「ねらい」で述べたような趣旨を簡単に説明したうえで，進行役は参加者に次のように伝えます．

進行役　それでは，いま配布したカードを，どのような形でも構いませんので，一度だけビリッと破いてください．
　　　（参加者全員がカードを破いたことを確認して）
　　　　はい．2枚の紙切れになりました．それでは，大きなほうの紙切れを取り出し，もう一度ビリッと破いてください．
　　　（参加者全員がカードを破いたことを確認して）
　　　　はい．3枚の紙切れになりました．それでは，いちばん大きな紙切れを取り出し，もう一度ビリッと破いてください．
　　　（参加者全員がカードを破いたことを確認して）
　　　　はい．4枚の紙切れになりました．5人一組のところは，ここまでで結構です．4人一組のところと3人一組のところは，さらにもう一度，いちばん大きな紙切れを取り出し，ビリッと破いてください．
　　　（3〜4人一組の参加者がカードを破いたことを確認して）
　　　　はい．5枚の紙切れになりました．4人一組のところは，ここまでで結構です．3人一組のところはもう一度，いちばん大きな紙切れを取り出し，ビリッと破いてください．

グループワーク形式の会場

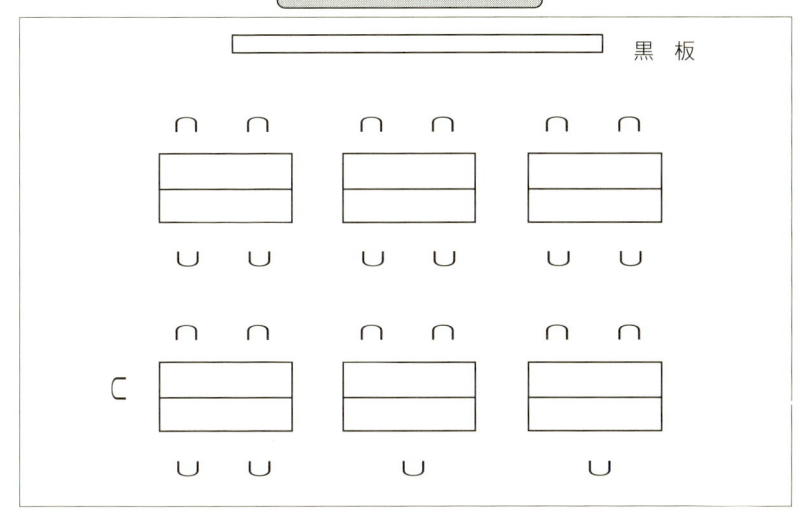

黒　板

（3人一組の参加者がカードを破いたことを確認して）
　はい，6枚の紙切れになりました．3人一組のところも，ここまでです．
　それでは各チームで1人，世話役を決めてください．
（各チームの世話役が決まったことを確認して）
　先ほどおのおのが破いた紙切れを，すべて世話役の手元に集めます．世話役の人は，集まった紙切れを十分にかき混ぜてください．
（世話役が紙切れを混ぜ終えたことを確認して）
　次に世話役の人は，紙切れを自分も含めた全員に，トランプのカードを配るように，任意に同じ枚数ずつ配布してください．3人のところは6枚ずつ，4人のところは5枚ずつ，5人のところは4枚ずつになります．
（世話役がカードを配布し終えたことを確認して）
　それでは，いまから各自がそれぞれの手元の紙切れで，もとのカードを再現します．ジグソーパズルのように切り口がピッタリと合うようにします．ただし世話役の人が紙切れを混ぜましたので，手元の紙切れではもとのカードはつくれません．したがってチーム内で紙切れ

を交換しながら，カードを再現することにします．
　　　　　紙切れを交換する際には，ルールがあります．ほかの人の紙切れを勝手に取ってはいけません．「ください」と口頭でお願いすることも，目で合図することも禁止します．みなさんにできるのは，自分の紙切れをほかのだれかにあげることだけです．
参 加 者　だれかから紙切れをもらったら，自分の紙切れをどれか返さなくてはならないのですか．
進 行 役　先ほど「交換しながら」と説明しましたが，「もらったら必ず返す」というわけではありません．とにかくおのおのが随時，ほかの人に紙切れを差し出しながら，カードを再現していきます．
　　　　（ほかに参加者からの質問がなければ）
　　　　　それでは開始してください．チームのメンバー全員がカードをつくり終えたら，世話役の人は手をあげてください．
　　　　（しばらくして，早くできたチームの世話役が挙手したら，間違いなくすべてのカードが再現されていることを確認して）
進 行 役　はい，できましたね．
　　　　　それではほかのチームが終わるまで，早くつくるための条件を全員で話し合ってください．あとで世話役の人に報告してもらいます．
　　　　（すべてのチームが再現し終えたところで）
　　　　　全員がカードを再現しました．早く終わったチームには，どうすれば早くつくることができるのかを話し合ってもらいました．それではこちらのチームの世話役の方に，早くつくるための条件について，報告していただきます．
　　　　（といって，1人の世話役を指名する）
世 話 役　ほかの人のカードをよくみながら，つくることが大切だと思います．
進 行 役　そうですね．いつの間にか，自分の目の前にたくさんの紙切れが集まってしまった方は，手をあげていただけますか．
　　　　（参加者の何人かが手をあげたことを確認して）
　　　　　自分のカードだけに気をとられていると，目の前にたくさんの紙切れが集まってしまうのです．いま行なったのは「協力ゲーム」というもので，協力するための条件を学ぶことを目的としています．うまく協力するためには，自分とほかの人の両方をみる必要があり，別の言

ワークシート

1. 4人一組となり，テーブルを囲んで着席します．
2. はがき大のカードを各自が適当に破りながら，それぞれ5枚の紙切れをつくります．
3. 世話役を1人決めて，各自がつくった紙切れをすべて世話役の手元に集めます．
4. 世話役は手元の紙切れを十分にかき混ぜたうえで，ちょうどトランプのカードを配るように，自分も含めた4人に同じ枚数の紙切れを配ります．
5. 合図とともに，4人はそれぞれ紙切れを交換しながら，元のカードを再現します．その際，ほかの人の紙切れを勝手にもっていったり，要求したりすることはできません．できるのは，ほかの人に紙切れをあげることだけです．

〔カードの完成例〕

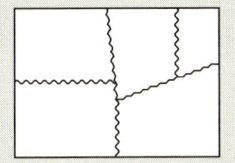

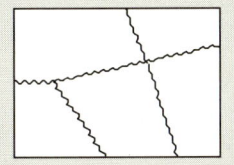

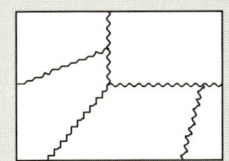

い方をすれば，自分を含めた全体をよく見渡すことが大切なのです．
　それから，このトレーニングでは，ほかのだれかに自分の紙切れを渡すことしかできませんが，その際に自分のいらない紙切れを適当にばらまくだけでは，うまくいきません．相手が何を必要としているのかを判断しながら，差し出すことが大切です．
　それでは，もう一度挑戦してもらいます．今度は先ほどよりも少しでも早く完成させるように，各チームが努力してください．
　では，世話役の人の手元に紙切れを集めてください．世話役の方は十分に混ぜたうえで，先ほどと同じように紙切れを配ってください．よろしいですか．それではスタート．

補　　足

　指示の内容がうまく伝わらないと，特定の人が1人で全部のカードを再現したり，テーブルの中央でメンバー全員が話し合い，全部のカードを再現したりします．そのため，「手元の紙切れで，各自がもとのカードを再現する」ことを，強調して伝える必要があります．
　タイマーを使って完成するまでの時間を測定し，1度目と2度目とを比較するのもよいでしょう．一覧表にすれば，どのチームがもっとも時間を短縮できたか，一目瞭然です．

11 ブラインドワーク
協調関係を形成・強化する

ねらい

「協力ゲーム」と同じく、協調関係を形成・強化します。

人数・所要時間

　ブラインドワークの場合、一度に体験できる人数は4人から無限大です。
　六組（4人一組）ほどが体験するとして、会場を設営してからの所要時間は、解説も含めておよそ60分です。

準　　備

　会場の机を片づけて、できるだけ広いスペースを設け、そこに椅子で輪をつくり、参加者全員が座ります。輪の中央にはあらかじめ、8メートルほどの長さのひもを丸く結んで、無造作においておきます（104頁）。
　そのほかに、ひもを床に固定するためのテープ（セロハンテープもしくはガムテープ）と、時間を測定するためのタイマーが必要です。
　参加者には全員、目隠し用具を持参してもらいます。アイマスク、スポーツタオル、ネクタイ、ヘアバンドなど、目隠しをして頭の後ろで留めることができれば、どんなものでも構いません。

進　め　方

　参加者は目隠しを持参し、輪に配置した椅子に着席します。
「ねらい」で紹介したような趣旨を簡単に説明したうえで、進行役は参加者に次のように伝えます。
　<u>進 行 役</u>　いまから4人を指名しますので、指名された4人は目隠しをもって、ひものまわりに集まってください。
　　　　　（4人を指名し、ひものまわりに集まってもらったところで）

椅子を輪に配置した会場

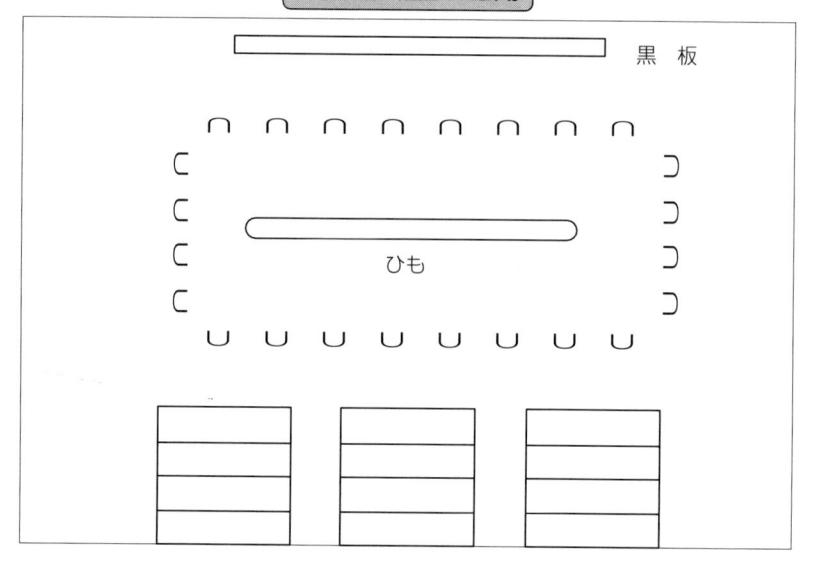

　まずは1分間の作戦タイムです．いまからいう課題を達成するための作戦を，まずは目隠しをせずに，ひもにも触れずに話し合ってください．課題とは，4人とも目隠しをして，協力しながら2分間で床の上のひもを正三角形にすることです．

　1分が経過したところでタイマーを鳴らします．たとえ作戦が決まっていなくても，全員が目隠しをして，ひもを持ち上げて課題に取り組みます．2分間をフルに使って，できるだけきれいな正三角形をつくるように努力してください．2分が経過したところで再びタイマーを鳴らします．タイマーが鳴ったところで，もっているひもを床に下ろしてください．3つの角を床にテープで留めますので，そうしたら目隠しを外していただいて結構です．
（参加者からの質問がなければ）
　それでは1分間の作戦タイムです．
（といって，タイマーを押す）
　　　：
（1分が経過し，タイマーが鳴ったところで）

ワークシート

1. 会場の中央にスペースを設け，椅子を輪に配置して着席します．
2. 8メートルのひもの両端を結んで，輪の中央におきます．
3. 4人が目隠しをもって，ひものまわりに集まります．
4. 4人で課題を達成するための方法を1分間，話し合います．課題は，4人とも目隠しをした状態で，ひもを持ち上げて正三角形をつくることで，制限時間は2分間です．
5. 1分が経過したら話し合いを終え，4人とも目隠しをして課題に取り組みます．
6. 2分が経過したところでひもを床におき，ひもの角をセロハンテープで床に貼ります．
7. セロハンテープで固定したら目隠しを外し，成功・失敗の要因を話し合ってください．
8. 話し合いが終わったところで，ほかの人も順番に，3〜7を体験します．

ブラインドワークの課題例

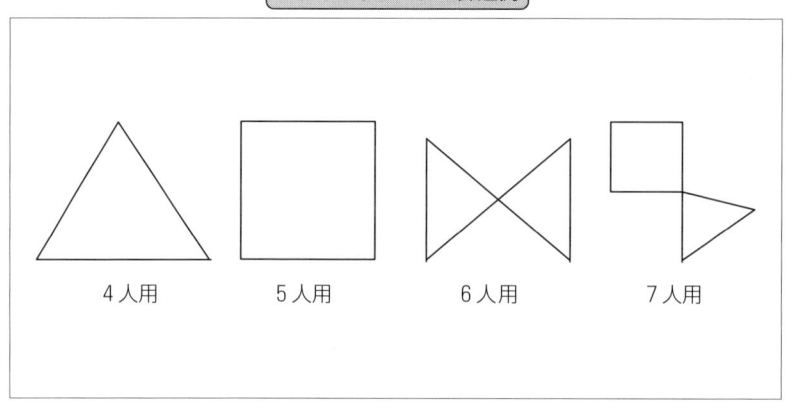

| 4人用 | 5人用 | 6人用 | 7人用 |

　　　それでは全員，目隠しをしてください．いまから2分間を測定します．
（といって，タイマーを押す）
　　　　：
（2分が経過し，タイマーが鳴ったところで）
　　　それでは，ひもを床に下ろしてください．テープで固定します．
（テープで固定したところで）
　　　目隠しを外して成果を確認し，成功・失敗の要因を話し合ってください．

補　　足

　最後の話し合いでは，個人攻撃にならないように注意する必要があります．その場で話し合うのではなく，ひと通り終えたところで，各自にレポート形式で振り返ってもらうのもよいでしょう．
　たくさんのひもを用意し，広い場所で行なえば，より多くの人が同時に体験できます．また，さらに多くの時間をかけて，5人用，6人用，7人用と次第にステップアップしていくのも効果的です（上図参照）．

12 ブラインドウォーク
リーダーの状況対応力を高める

ねらい

　場面や状況に応じて，リーダーシップのスタイルを柔軟に変えていくという状況対応論は，今日のリーダーシップ論における一つの到達点だといえます．ハーシーとブランチャード（Hersey, P. & Blanchard, K. H.）はマネジリアルグリッドにもとづき，一つの状況対応モデルを提唱しています．それは，フォロワー（スタッフ）が成長・成熟するに従い，リーダーは主要な関心を業績（作業遂行）から人間的欲求（人間関係）へと次第に移していき，最後には人間的欲求（人間関係）への関心も払わずに自立させるというものです．

　ハーシーとブランチャードによる状況対応モデルを参考にしながら，リーダーがとるべきコミュニケーションの様式を，筆者は次のようにまとめています．

　まず，フォロワーが依存状態にある導入期には，業務をできるだけ早く軌道に乗せるために，リーダーは指導者として「こうしましょう」「ああしましょう」と指示を出すことになります．業務が軌道に乗り始めた成長期には，相談役として「こうしたらどうですか」「ああしたらどうですか」と助言することになります．業務が軌道に乗り切った成熟期には，リーダーは支援者として振る舞い，フォロワーに考えや意見を求めてその主体性・自律性を尊重しつつ，「じゃ，そうしましょう」と自己決定を支持します．そして最後の終結期には，関与をやめてフォロワーを自立させるのです．つまり，いつまでも指導者として君臨するのではなく，職場やフォロワーの発達に応じて接し方を変えていくことが，何より大切なのです（109頁上図参照）．

「フォロワーの自立」という最終目標に向けて，リーダーは巧みに接し方を変えていくのですが，この過程では「こうしましょう」「ああしましょう」という指示の技法，「こうしたらどうですか」「ああしたらどうですか」という助言の技法，「じゃ，そうしましょう」という支持の技法のほかにも，さまざまなコミュニケーション技法が使われます（120頁参照）．導入期，成長期，成熟期の

各段階ごとに，よく使われるコミュニケーション技法やコミュニケーション上の留意点を，ここと次の「助言トレーニング」でまとめてみましょう．

　まず，指示を与える際は，「こうしなさい」「ああしなさい」という命令調の言葉よりも，「こうしましょう」「ああしましょう」という誘いの言葉のほうが望ましいでしょう．たとえ導入期であっても，フォロワーの主体性や自律性をまったく無視するわけではありません．フォロワーの意志を多少なりとも尊重するべきであり，その尊重の気持ちを誘いの言葉で表わすのです．

　また，指示の言葉を伝える際には，早口にならないように注意し，フォロワーに届くような適切な声の大きさで，一つひとつ丁寧に伝えなければなりません．さらに，どうにでも受け取れる曖昧な表現は避け，できるだけ具体的かつ明確な表現を使い，指示のあとには必ず質疑応答をまじえることで，いっそう正確な伝達に努めなければならないのです．

　すでに紹介した「単方向・双方向コミュニケーション」は，効果的な指示の方法を学ぶ一つの体験として，そのまま利用することができるでしょう．ここでは，効果的な指示の方法を学ぶもう一つの体験として，「ブラインドウォーク」を紹介します．

人数・所要時間

　一度に体験できる人数は2人から無限大ですが，2人一組となるために偶数人数であることが望まれます．参加者が奇数人数である場合には，進行役もしくはそのアシスタントも参加することで，偶数人数にしておく必要があります．

　2人一組の組み合わせをつくってからの所要時間は，参加者数やブラインドウォークのコースにもよりますが，たとえば18名ほどが全員，5分ほどのコースを体験するとして，「指示の技法」の解説も含め，およそ60分です．

準　　　備

　会場では椅子を後方に下げて，机を使って迷路をつくります（右下図参照）．
　参加者には全員，目隠し用具を持参してもらいます．アイマスク，スポーツタオル，ネクタイ，ヘアバンドなど，目隠しをして頭の後ろで留めることができれば，どんなものでも構いません．

フォロワーの発達（状態）に応じた接し方

非関与　⇨　終結期（自　立）
援助（支持）　⇨　成熟期（半自立）
相談（助言）　⇨　成長期（半依存）
指導（指示）　⇨　導入期（依　存）

机を迷路状に並べた会場

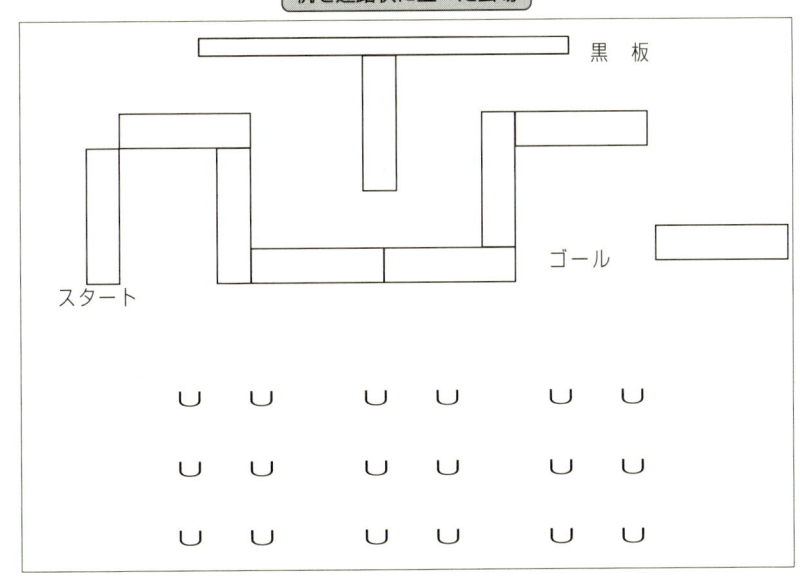

進　め　方

　指示の技法について，「ねらい」で述べたような趣旨をできるだけ簡単に参加者へ伝えます．

　参加者たちが目隠しを用意して着席したところで，進行役は次のように伝えます．

進行役　2人一組となり，AさんとBさんを決めてください．
　　　（AさんとBさんが決まったところで）
　　　　　Aさんは手をあげてください．
　　　（Aさんが手をあげたことを確認して）
　　　　　いまからAさんは目隠しをして，スタート地点からゴールまで手探りで歩きます．
　　　　　Bさんは手をあげてください．
　　　（Bさんが手をあげたことを確認して）
　　　　　BさんはAさんに付き添いながら，Aさんの歩行を介助します．ただし，BさんはAさんの身体には触れず，「こうしましょう」「ああしましょう」と，言葉だけで指示を出します．
　　　　　ゴールに到着したAさんは目隠しを外し，Bさんと一緒に席に戻ります．そしてBさんの指示は効果があったか，2人で振り返ります．
　　　　　話し合いを終えたら，今度はBさんが目隠しをしてスタート地点に立ち，Aさんの指示を受けながらゴールをめざしてください．ゴールに到着したら席に戻り，Aさんの指示が有効だったか，2人で振り返ってください．
　　　（質問がなければ）
　　　　　それでは，最初の2人は準備をしてスタート地点に立ち，歩き始めてください．
　　　（渋滞しない程度に間隔が空いたところで）
　　　　　次の2人は準備をしてスタート地点に立ち，歩き始めてください．
　　　（以下，同じ）

補　足

　人は生活に必要な情報の大半を，視覚を通して受け取っています．したがっ

ワークシート

1. 2人一組となり，AさんとBさんを決めます．
2. Aさんは目隠しをして，定められたコースを歩きます．BさんはAさんに付き添いながら，「こうしましょう」「ああしましょう」と指示を出し，歩行を介助します．BさんはAさんの身体に触れずに，言葉による指示だけでAさんをサポートします．
3. コースのゴールに到着したら，効果的な指示の方法について，2人で話し合ってください．
4. 話し合いを終えたら，2人で役割を交代してもう一度，2～3に取り組みます．

て，視覚を失うことによるダメージは大きく，目隠しした歩行者は介助者の指示に頼らざるをえなくなるのです．

　時間に余裕があれば，屋外に出て長いコースを体験するとよいでしょう．視覚をなくしたことによるほかの感覚の先鋭化も，屋外では敏感に体験できます．

　事前のコース設定では，参加者たちに危険が及ばないように，十分に注意する必要があります．たとえば階段の下りは慣れていないと危険であり，また交通量の多い道路は避けるべきです．

13 助言トレーニング
リーダーの状況対応力を高める

ねらい

　導入期の次にあたる成長期には，「助言の技法」を使うことになります．

　助言の技法で用いる「こうしたらどうですか」「ああしたらどうですか」という言葉は，あくまでも提言であり，その提言を最終的に受け入れるか否かは，フォロワーの気持ち次第です．そうすると，有効な助言を与えるためには，そのときどきにフォロワーが抱いている真の関心・願望を正確に把握することが何よりも大切です．

　フォロワーの関心・願望を把握し，効果的に助言するための体験として，ここで「助言トレーニング」を紹介しましょう．

人数・所要時間

　一度に体験できる人数は3人から無限大ですが，3人一組となるために，3の倍数の参加者数が望まれます．参加者が足りない場合には，進行役やアシスタントもトレーニングに加わることにより，人数を調節する必要があります．

　3人一組の組み合わせが完了してからの所要時間は，助言の技法の解説も含めておよそ30分です．

準　　備

　参加人数分の机と椅子が必要であり，同じチームのメンバーが一つのテーブルを囲むように座ります．たとえば2人用の長机であれば，机を2つ寄せて，そのまわりに3人が座るというように，グループワーク形式に会場を設営します（115頁上図参照）．

　主催者（もしくは進行役）は，はがき大のカードと助言記録用紙（119頁）を参加人数分＋α用意しておきます．そのほかに，時間を測定するためのタイマーがあると便利です．

進め方

　参加者が3人一組となり，テーブルを囲んで着席したところで，はがき大のカードと助言記録用紙を1人1枚ずつ配ります．
「ねらい」で述べたような趣旨をできるだけ簡単に説明したうえで，進行役は参加者に次のように伝えます．

進 行 役　それでは，いま配布したカードを，どのような形でも構いませんので，一度だけビリッと破いてください．
　　　（参加者全員がカードを破いたことを確認して）
　　　　　はい，2枚の紙切れになりました．それでは大きなほうの紙切れを取り出し，もう一度ビリッと破いてください．
　　　（参加者全員がカードを破いたことを確認して）
　　　　　はい，3枚の紙切れになりました．それでは再度，いちばん大きな紙切れを一つ取り出し，もう一度ビリッと破いてください．
　　　（参加者全員がカードを破いたことを確認して）
　　　　　はい，4枚の紙切れになりました．最後にもう一度いちばん大きな紙切れを一つ取り出し，ビリッと破いてください．
　　　（参加者全員がカードを破いたことを確認して）
　　　　　はい，5枚の紙切れになりました．ここまでで結構です．
　　　　　それでは各チームでAさん，Bさん，Cさんを決めてください．
　　　（各チームのA，B，Cが決まったことを確認して）
　　　　　それぞれが破いた紙切れを，すべてAさんの手元に集めてください．Aさんは集まった紙切れを十分にかき混ぜます．
　　　（Aさんが紙切れを混ぜ終えたことを確認して）
　　　　　次に，合図とともにAさんは，紙切れをすべてBさんに渡します．Bさんは渡された紙切れで，もとのカードを3つ再現します．ジグソーパズルと同様に，切り口がぴったりと合うようにもとのカードを再現してください（右下図参照）．制限時間は2分間です．
　　　　　Aさんは紙切れを手渡したあと，Bさんに「こうしたらどうですか」「ああしたらどうですか」と，さまざまに助言します．Aさんの助言に従うか否かは，Bさんの気持ち次第です．
　　　　　Cさんは記録係です．まず，記録用紙のオブザーバー欄にご自分の

3人一組の会場

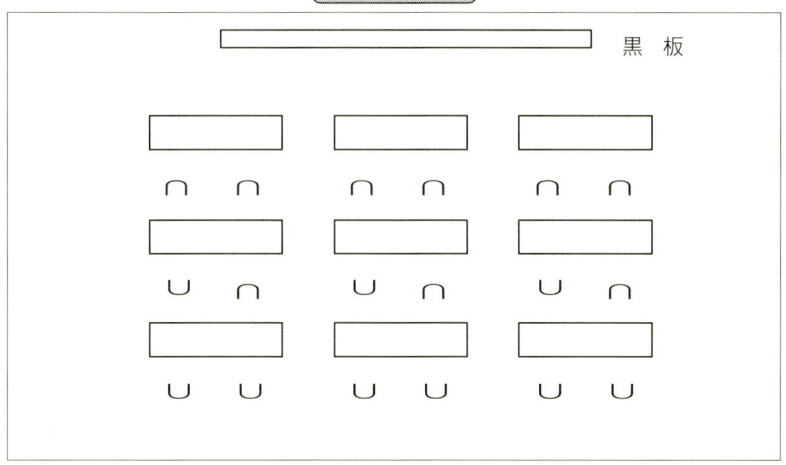

黒　板

カードの作成例

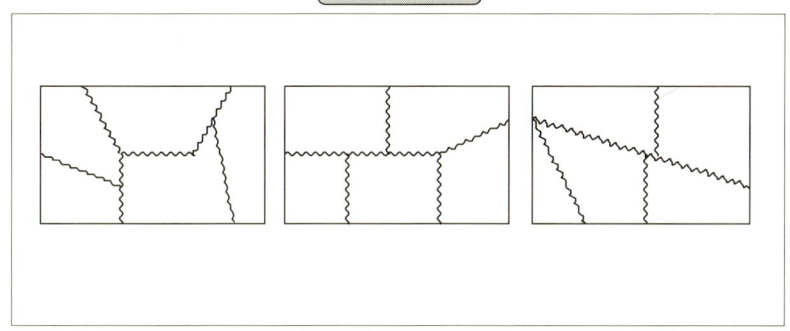

名前を，プレイヤー欄にBさんの名前，アドバイザー欄にAさんの名前を記入してください．そして合図とともに，Aさんが助言をするたびに数字に○をつけ，その助言をBさんが受け入れた場合に，○に斜線（／）を引いていきます（119頁参照）．

　　記録用紙の記入例をみてください．2分間に5回の助言がなされました．この例では，1回目と2回目の助言は受け入れられ，3回目の助言は無視され，4回目の助言は受け入れられ，5回目の助言は無視されたことになります．

　　何か質問はありますか．
参　加　者　助言に半分ほど従ったときは，どうしますか．
進　行　役　従ったか否か微妙なときは，Cさんの判断に任されます．
　　（ほかに質問がなければ）
　　　　それでは開始してください．AさんはBさんに紙切れをすべて渡してください．
　　（といって，タイマーを押す）
参加者A　裏返しのカードを全部，表にしたらどうですか．
参加者B　なるほど．
参加者A　カードの角を基準にしては．
参加者B　……．
　　（2分が経過したところで）
進　行　役　中断してください．Cさんは，助言回数と受け入れ回数を数えて，受け入れ回数を助言回数で割ることにより，助言効果を求めてください．助言効果を記入したら，その記録用紙をAさんにプレゼントしてください．
　　（Cさんが全員，記録用紙をAさんに手渡したことを確認して）
　　　　交代しながら全員が各役割を体験しましょう．今度はBさんがアドバイザーで，Cさんがプレイヤー，Aさんがオブザーバーです．Bさんは紙切れを十分にかき混ぜてください．
　　（以下，同じ）

[補　　足]

「助言トレーニング」で大切なのは，助言回数ではなく助言効果です．焦って

無駄な助言を数多くするよりも,たとえ一つでもフォロワーにとって本当に役立つ助言を行ないたいところです.

フォロワーが心から納得してリーダーの助言に従えば,一段落つくことになります.ところが言葉では「わかりました」といいながらも,それとは逆に不安げな表情を示しているときには,言葉を額面どおりに受け取るわけにはいきません.フォロワーに「顔には納得できないと書いてありますよ」などといって「対決の技法」を使い,納得できない理由を確かめる必要があります(120頁参照).そしてフォロワーが助言を受け入れて実行できるよう,動機づけを強化するか,もしくは別の新たな助言を試みることになります.

動機づけを強化する方法は数多くあります.フォロワーが助言に納得できない理由に応じて,①助言した内容にいっそうの興味・関心を抱いてもらう,②助言に従うことの価値や意義を十分に理解してもらう,③助言に従ううえでのさまざまな負担を軽減する,④人任せではなく,行為主体としての自己認知(自覚)をもってもらう,⑤「自分もやればできるんだ」という自己効力感を抱いてもらう,⑥やさしすぎもせず,むずかしすぎもしない適切な目標を設定する,⑦目標の達成を容易にするために,ほかの人との共同や競争を利用する,⑧目標の達成によって得られる報奨を用意する,などがあげられます.動機づけを強化する際は,「大丈夫ですよ」「心配いりませんよ」という「保証の技法」や,「がんばってください」という「励ましの技法」もうまく使いこなさなければなりません.

また,フォロワーが助言に納得せず,しかも助言した内容に勝るとも劣らぬ考えをもっているならば,かかわり方を相談から支援へと移していくチャンスです.フォロワーは成長の段階から成熟の段階へと発達し,助言よりも支持をリーダーに求めているのです.

成熟の段階では,フォロワーに意見や考えを求め,「もっともですね」「じゃ,そうしましょう」と賛成する「支持の技法」を使うことになります.そして,このようなかかわり方を実現するためには,まず何よりも,フォロワーの言葉にリーダーが熱心に耳を傾けなければなりません.

フォロワーの考えをうまく引き出すには,「質問の技法」が役立ちます.つまり,「はい」か「いいえ」でしか答えられない「閉じた質問」は必要最小限にとどめ,考えを自由に述べてもらう「開いた質問」でフォロワーにかかわるのです.「大丈夫ですか」とか「解決できますね」ではなく,「どのように考え

ていますか」「どうすればよいか，意見を聞かせてください」などと尋ねるほうが望ましいのです．

　もしもフォロワーが「えーっと，そのー」と言葉に詰まったときには，性急な態度でせかしたりせずに，フォロワーの言葉を黙って待つ「沈黙の技法」を使います．そして，どうしても言葉が出てこないときには，フォロワーがいわんとすることを代わって表現する「明確化の技法」を試みます．たとえば「えーっと，そのー，遠回りも大切なことを」というフォロワーに対して，リーダーが「急がば回れですか」と返して助けるのです．

　うなずきや相づちを示しながら聞く「促しの技法」や，「……なのですね」といって相手の言葉の一部を返す「繰り返しの技法」も，リーダーの熱意を効果的に伝えてフォロワーの自己表現を促します．そして，フォロワーが考えをひと通り話し終えたところで，さらに要点だけをかい摘んで返す「要約の技法」を使い，まとめることになるのです（120頁参照）．

　フォロワーの言葉に熱心に耳を傾けるトレーニングとして，すでに紹介した「ア行（母音）トーク」や「サイレントトーク」が役立ちます．さらに「促し＆繰り返しの技法トレーニング」「要約の技法トレーニング」「質問の技法トレーニング」なども，参考にしてください．

ワークシート

1. 3人一組となり，テーブルを囲んで着席します．
2. はがき大のカードを各自適当に破りながら，それぞれが5枚の紙切れをつくります．
3. Aさん，Bさん，Cさんを決めてください．
4. すべての紙切れをAさんの手元に集め，Aさんは紙を十分にかき混ぜます．
5. 合図とともにAさんはBさんに，紙切れをすべて渡してください．Bさんはプレイヤーとなり，紙切れをつなぎ合わせながら，もとの3枚のカードをつくります．Bさんの作業をみながら，Aさんはアドバイザーとして「こうしたらどうですか」「ああしたらどうですか」と助言します．オブザーバーのCさんは，Aさんが助言をするたびに，記録用紙の数字に○をつけ，その助言にBさんが従えば，つけた○に斜線（／）を引いてください．
6. 2分が経過したところで中断し，Cさんは助言回数と受け入れ回数を数えてください．そして，受け入れ回数を助言回数で割ることで助言効果を求め，記録用紙をBさんに渡します．
7. 役割を交代しながら，3つの役割を全員が体験してください．
8. 最後に効果的な助言の条件について，3人で話し合ってください．

助言記録用紙

プレイヤー：＿＿＿＿＿＿＿＿　　アドバイザー：＿＿＿＿＿＿＿

オブザーバー：＿＿＿＿＿＿＿

1	2	3	4	5	6	7	8	9	10	a. 助言回数
11	12	13	14	15	16	17	18	19	20	
21	22	23	24	25	26	27	28	29	30	b. 受け入れ回数
31	32	33	34	35	36	37	38	39	40	
41	42	43	44	45	46	47	48	49	50	c. 助言効果＝b／a

【記入例】 ①̸ ②̸ ③ ④̸ ⑤ 6 7 8 9 10

コミュニケーション技法

1. **指示の技法**　「こうしましょう」「ああしましょう」と指図する
   - フォロワー：最近，仕事がマンネリ化しています
   - リーダー　：QCに取り組みましょう

2. **助言の技法**　「こうしたらどうですか」などと提案する
   - フォロワー：最近，仕事がマンネリ化しています
   - リーダー　：QCに取り組んでみませんか

3. **対決の技法**　フォロワーの言動における非一貫性を指摘する
   - フォロワー：そうですね．わかりました
   - リーダー　：でも，顔には納得できないと書いてありますよ

4. **保証の技法**　恐れや不安を抱いているフォロワーを安心させる
   - フォロワー：うまく改善案がまとまるか，心配なのです
   - リーダー　：最初はだれでも心配しますが，みなでやれば大丈夫ですよ

5. **励ましの技法**　フォロワーを励まし，勇気づける
   - フォロワー：それでは，来週から取り組んでみることにします
   - リーダー　：そうですか．がんばってくださいね．

6. **支持の技法**　フォロワーの考え・意見に対し，「そうしましょう」と賛成する
   - フォロワー：QCに取り組みたいと思います
   - リーダー　：じゃ，そうしましょうか

7. **質問の技法**　開いた質問と閉じた質問を使い分ける
   - リーダー　：うまく取り組めますか？
   - フォロワー：はい．できると思います
   - リーダー　：どうしてQCが必要なのですか？
   - フォロワー：最近，仕事がマンネリ化しているからです

8. **沈黙の技法**　フォロワーの言葉を黙って待つ
   - フォロワー：えっと，その，
   - リーダー　：‥‥（沈黙）

9. **明確化の技法**　フォロワーがうまく言い表わせないとき，代わって表現する
   - フォロワー：遠回りでも，確実にやることを，何とかいいましたよね
   - リーダー　：急がば回れですか

10. **促しの技法**　うなずきや相づちなどで，フォロワーの話を促す
    - フォロワー：時間がかかっても，自分たちで考えながらやりたいのです
    - リーダー　：ふん，ふん，なるほど

11. **繰り返しの技法**　フォロワーの言葉の一部，もしくは全部を繰り返す
    - フォロワー：納得しながらのほうが，充実感が得られます
    - リーダー　：充実すると思われるのですね

12. **要約の技法**　フォロワーの話を要約して返す
    - リーダー　：要するに，納得しながらのほうが充実するので，QCに取り組むのですね

14 栄養学教室
リーダー・フォロワー関係を強化する

ねらい

　バーン（Bern, E.）が提唱した交流分析では，人にはそれぞれCP（批判的な親心），NP（養育的な親心），A（理性的な大人心），FC（自由な子ども心），AC（従順な子ども心）の5つの心があり，2人が互いに相手に対して，どの心で接しているかを問題にします（123頁上図参照）．ここで紹介するリーダー・フォロワー関係モデルも，リーダーとフォロワーが互いに相手に対して，どの心で接すると有効，あるいは無効になるのかを，場面場面で説明するものです（123頁下図参照）．

　まず災害などの危機場面でリーダーに求められるのは，スタッフを厳格に統制するリーダーのCPです．リーダーはCPを前面に出してテキパキと指示を与え，それに対してフォロワーはACで従順に応える必要があるのです．もしもリーダーがCPではなくてNPを出してしまい，フォロワーに対して「失敗しても構わないからやってごらん」などと養育的に接するならば，本来は助かるものも助からなくなってしまいます．また，危機対処時にリーダーがAを出して，フォロワーに対して「ここはひとつ，合理的・民主的に話し合いましょう」などと理性的にいっている場合ではありません．危機対処時に必要なのは，やはりリーダーのCPとフォロワーのACという関係なのです．

　危機対処時の行動に何か問題があるようならば，会議の場で理性的に話し合えばよいのです．会議のときにリーダーとフォロワーの双方に求められるのは，いうまでもなく互いのAです．もしも会議のときにまでリーダーがCPで批判的に臨むならば，会議は単なる統制・伝達の場になってしまいます．そして，フォロワーは自由に発言できないことから会議嫌いとなり，会議というと「えー，また会議!?」という否定的・拒否的反応しか出てこなくなるのです．

　危機対処でも会議でもない通常のときには，リーダーがNPを出して，フォロワーの創造的・積極的なFCを引き出すのがよいでしょう．

さらに，遊びのときには立場にかかわりなく，リーダーもフォロワーも互いがFCを出せば楽しくなります．遊びのときまで，だれかがCPやAで臨むと，十分に楽しめなくなってしまい，場が白けてしまうのです．

このように考えるとCP，NP，A，FC，ACのいずれも必要であり，これらを場面場面に応じて柔軟に出し入れすることが求められます．特定のスタイルに固執して柔軟性をなくすと，右上図にあげたような無効な関係に陥ってしまうことも少なくありません．

つまり，リーダーのCPに対してフォロワーがFCで応じるという，まるで頑固おやじとわがまま娘のような「抑圧と反抗」の関係に陥ったり，あるいはリーダーのNPに対してフォロワーがACで応じるという，まるでお節介な母親とマザコン息子のような「過保護と依存」の関係に陥ったりするのです．また，スタッフ同士（リーダーとリーダー，もしくはフォロワーとフォロワー）の間では，CPとCPとで相互批判・権力闘争を繰り返したり，NPとNPとで「しょうがないわね」などと相互に甘やかしたり，FCとFCとでただ「ワイワイ，ガヤガヤ」と相互に自分勝手になったり，さらにはACとACとで相互に遠慮したりするのです．

すでに紹介した「ブラインドワーク」は，危機対処時のトレーニングとしても有効です．メンバー全員が目隠しをして，与えられた課題を時間内に達成するためには，危機対処時に必要なCPとACの関係がメンバーに求められるためです．

ここでは，会議時に必要なAとAの関係を強化するためのトレーニングとして，「栄養学教室」を紹介しましょう．

人数・所要時間

一度に体験できる人数は，2人から無限大です．ただし，4人前後での話し合いがもっとも効果的であり，そのために3～5人のグループを一つ以上つくれる人数が望まれます．

まずは1人で取り組み，次に話し合いをし，最後に集計を終わらせるまでの所要時間は，解説も含めておよそ60分です．

準　　備

参加人数分の机と椅子が必要で，同じチームのメンバーが一つのテーブルを

5つの心の特徴

項　　目	特　　徴
批判的な親心 (CP)	責任感が強い，理想や信念を持っている，きびしい，批判的
養育的な親心 (NP)	養育的，保護的，受容的，やさしい，甘やかし，おせっかい
理性的な大人心 (A)	理性的，客観的，分析的，冷静，理屈っぽい，冷淡
自由な子ども心 (FC)	創造的，積極的，元気，自由奔放，衝動的，わがまま
従順な子ども心 (AC)	従順，素直，遠慮がち，人見知り，消極的，依存的

有効な関係と無効な関係

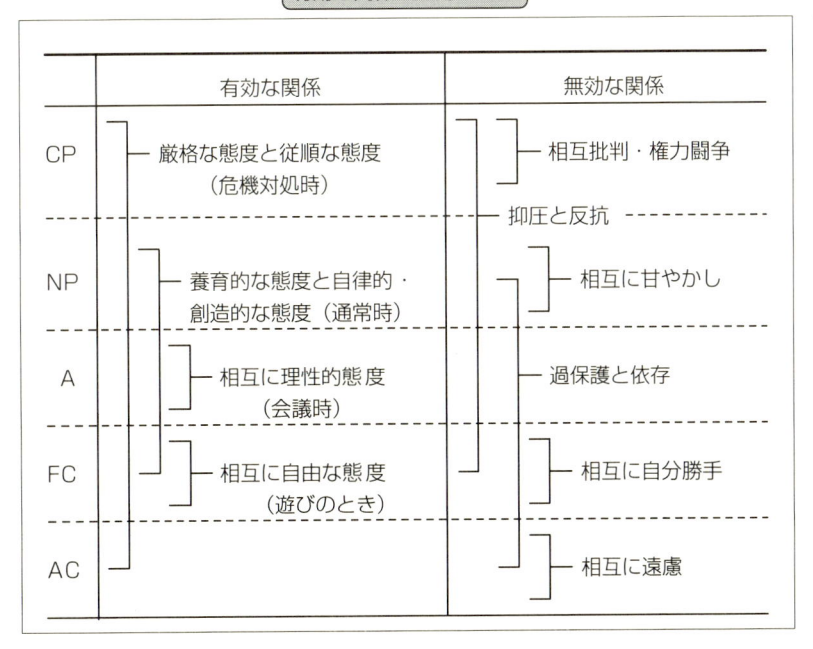

	有効な関係	無効な関係
CP	厳格な態度と従順な態度（危機対処時）	相互批判・権力闘争
		抑圧と反抗
NP	養育的な態度と自律的・創造的な態度（通常時）	相互に甘やかし
A	相互に理性的態度（会議時）	過保護と依存
FC	相互に自由な態度（遊びのとき）	相互に自分勝手
AC		相互に遠慮

囲むように座ります．たとえば2人用の長机であれば，机を2つ寄せて，そのまわりに3〜5人が座れるように，グループワーク形式で会場を設営します．

主催者（もしくは進行役）は，ワークシートを参加人数分＋αを用意しておきます．そのほかに，時間を測定するためのタイマーがあると便利です．

参加者には筆記用具（鉛筆と消しゴム）を持参してもらいます．

進 め 方

参加者は3〜5人一組となり，テーブルを囲んで着席します．複数のグループをつくる場合には，各グループにA，B，Cなどの名称をつけます．一グループの人数は，すべて同人数となることが望ましいのですが，人数に多少のばらつきがみられても構いません．

全員が着席したところで，ワークシート（126〜127頁）を各メンバーに配布し，「ねらい」で述べたような趣旨を簡単に説明したうえで，進行役は参加者に次のように伝えます．

進 行 役　いま配布したシートをみてください．栄養，調理，エネルギーなどに関する問題が10問あります．まずは相談をせずに1人で考えて，a，b，cのいずれかに○をつけて答えてください．

（参加者全員が解答を終えたことを確認して）

次に，集計表にある個人決定の欄に，メンバー全員の名前と解答を書き写してください．

参 加 者　自分の名前と解答も集計表に書き写すのですか．

進 行 役　自分も含めた全員の氏名と解答を書き写してください．

（参加者全員が写し終えたことを確認して）

1人の知識よりは多くの人の知識を持ち寄ったほうが，より正しい結論が得られるはずです．ただしそれには，「互いに合理的に話し合えば」という前提条件があり，そうでなければ誤った結論に至ることもあるでしょう．ここで，各グループで知識を持ち寄り，互いに合理的に話し合い，より正しい答えを集団決定の欄に書いていってください．

1問につき1分間として，合計10分間で話し合います．もしも10分の間に結論が出なかった問題は，集団決定では不正解扱いとなります．よろしいですか．

（参加者からの質問がなければ）

グループワーク形式の会場

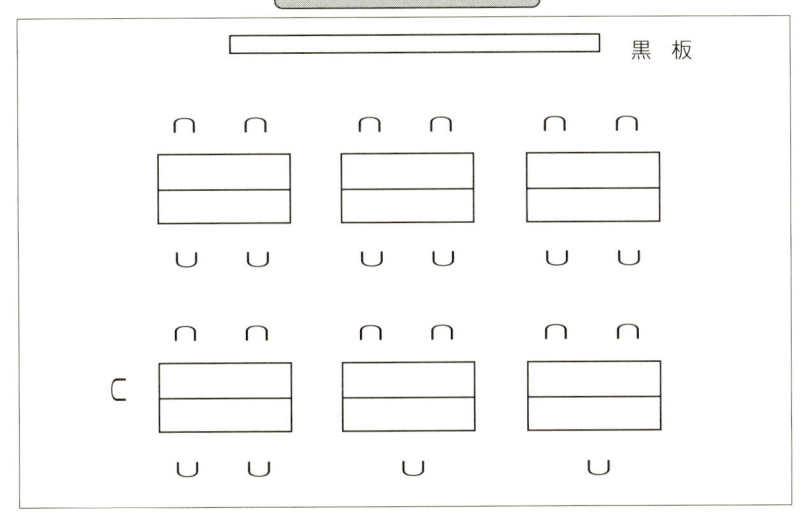

　それでは，スタート．
（といってタイマーを押す）
　　　：
（10分が経過したところで）
　時間となりましたので，話し合いを終えてください．いまから正解を発表しますので，みなさんは集計表の正解の欄に書き込んでください．問題1から順にa，b，c，a，a，b，a，b，c，bが正解となります．
　各メンバーの正解数と集団の正解数を数えて，集計表に記入してください．
（全員が記入し終えたことを確認して）
　次に，グループ比較表を使って，グループ効果（集団の正解数－個人の正解数の平均）とリソース活用度（集団の正解数－個人の最大正解数）を求めてください．グループ効果とは話し合いによって正解数がふえることであり，リソース活用度とは正しい人の意見が活かされることです．
（各グループがグループ効果とリソース活用度を求めたことを確認して）

5．個人でもっとも正解が多かった人の正解数（a），個人正解数の平均（b），

ワークシート

1．栄養に関する三択問題が10問あります．まず1人で考えて，a．b．c．のいずれかに○をつけてください．
2．3～5人で一組となり，メンバー全員の答えを名前とともに集計表の個人決定欄に書き写します．
3．メンバー全員で10分間話し合い，より正しい答えを集団決定欄に書いていきます．
4．正解をみながら，各メンバーの正解数と集団決定の正解数を数えてください．
5．個人でもっとも正解が多かった人の正解数（a），個人正解数の平均（b），集団決定の正解数（c）を「グループ比較表」に書き込んでください．
6．グループ効果（c－b）とリソース活用度（c－a）を求めます．
7．最後に合理的な討議の条件について，メンバー全員で話し合ってください．

〔問題〕
[1] 次の調味料（各100ｇ）のうち，カロリーがもっとも低いのは
　　　 a．食塩　　b．醤油　　c．ウスターソース
[2] 次の食品（各100ｇ）のうち，コレステロールのもっとも多いのは
　　　 a．すじこ　　b．卵黄　　c．豚レバー
[3] 次の食品（各100ｇ）のうち，もっとも鉄分の少ないのは
　　　 a．カレー粉　　b．乾燥ひじき　　c．豚レバー
[4] 次の食品（各100ｇ）のうち，もっとも食物繊維が少ないのは
　　　 a．さつまいも　　b．干ししいたけ　　c．寒天
[5] ビタミンCの損失率がもっとも多い調理方法は
　　　 a．一夜漬け　　b．炒める　　c．蒸す
[6] 昔から「食べ合わせが悪い」といわれているのは
　　　 a．ウナギと漬け物　　b．天ぷらとスイカ　　c．米とチーズ
[7] 100kcalのエネルギーを消費するためにもっとも時間のかかる運動は
　　　 a．エアロビクス　　b．階段の昇り降り　　c．縄跳び
[8] 昔から健康によいといわれている食事量は
　　　 a．腹七分目　　b．腹八分目　　c．腹九分目
[9] 果物はいつ食べるともっとも有効でしょう
　　　 a．夜　　b．昼　　c．朝
[10] 日本人に不足しがちといわれている栄養素は
　　　 a．タンパク質　　b．カルシウム　　c．ビタミンA

〔集計表〕

問題＼メンバー	個人決定 1	2	3	4	5	6	平均	集団決定	正解
1.カロリー									
2.コレステロール									
3.鉄　分									
4.食物繊維									
5.ビタミンC									
6.食べ合わせ									
7.運　動									
8.食事量									
9.果　物									
10.栄養素									
正解数									

〔グループ比較表〕

＼グループ	A	B	C	D	E	F
a.個人の最大正解数						
b.個人の正解数の平均						
c.集団の正解数						
d.グループ効果（c－b）	＋／－	＋／－	＋／－	＋／－	＋／－	＋／－
e.リソース活用度（c－a）	＋／－	＋／－	＋／－	＋／－	＋／－	＋／－

正　　解

```
［1］ ⓐ．食塩 0kcal     b．醤油 50kcal    c．ウスターソース 120kcal
［2］ a．すじこ 510mg    ⓑ．卵黄 1300mg    c．豚レバー 250mg
［3］ a．カレー粉 28.5mg  b．乾燥ひじき 55.0mg  ⓒ．豚レバー 13.0mg
［4］ ⓐ．さつまいも 2.3g  b．干ししいたけ 47.4g  c．寒天 97.3g
［5］ ⓐ．一夜漬け 50%   b．炒める 20%    c．蒸す 20%
［6］ a．ウナギと漬け物    ⓑ．天ぷらとスイカ    c．米とチーズ
［7］ ⓐ．エアロビクス 25分  b．階段の昇り降り 21分  c．縄跳び 13分
［8］ a．腹七分目      ⓑ．腹八分目     c．腹九分目
［9］ a．夜    b．昼    ⓒ．夜
［10］ a．タンパク質 121   ⓑ．カルシウム 88   c．ビタミンA 144
                                    （所要量100）
```

　　それでは，各グループのグループ効果とリソース活用度を，グループ比較表に記入していきます．Aグループから順番に，グループ効果とリソース活用度を報告してください．
（各グループの報告が終わったところで）
　　表面的には理性的な口調で話しながら，実は，「生意気だ」とか「冗談じゃないよ」などと心の底で思っていることがあります．つまり，背後にCP（強制）やFC（反発）などが潜む「仮性のA」での話し合いが，職場でもしばしばみられるのです．仮性のAでは自分の意見を変える際に不快感をともない，素直に意見を変えられないことから，合理的な話し合いは望めません．互いが本当のAを出して話し合うことによって，グループ効果もリソース活用度もプラスになるのです．
　　いまの集団討議が仮性のAだったかどうかは，私にはわかりませんが，日頃の会議に仮性のAで臨んでいないか，振り返ってみてください．

補　　足

　時間に余裕があれば，グループ効果とリソース活用度を求めたところで，成功・失敗の原因をグループ内で話し合うのがよいでしょう．話し合いを終えたところで，各グループの代表に報告してもらうのです．ただし，話し合いが個人攻撃にならないように，注意する必要があります．
　なお，ここでは「栄養学教室」としましたが，三択問題を10問つくれば，「地理学教室」「経営学教室」など，ほかの集団討議も可能です．問題を変えて何回も繰り返しながら，グループ効果とリソース活用度を高めていくとよいでしょう．

15 ブレーンストーミング
リーダー・フォロワー関係を強化する

ねらい

　ここで紹介する「ブレーンストーミング」は，通常時に有効な関係を形成・強化するトレーニングです．「栄養学教室」で触れたように，危機対処でも会議でもない通常のときには，リーダーが養育的な態度で接し，スタッフの積極的で創造的な側面を引き出すというNPとFCの関係が必要でした．このNPとFCの関係は，ブレーンストーミングによって体験することができます．

　頭にひらめくアイデアのことをブレーンストームといいます．「ブレーンストーミング」では特定のテーマにもとづいて，メンバー間で自由にアイデアを出し合い，アイデアの質ではなく，量（数）をグループ間で競います．

　メンバーが互いにCP（批判）でかかわれば，互いにAC（遠慮）が前面に出てしまい，アイデアの数を望めません．たくさんのアイデアを出すためには，互いにCPを抑えてNP（受容）で接し，互いのFC（積極性，創造性）を引き出さなければならないのです．

人数・所要時間

　一度に体験できる人数は，2人から無限大です．ただし4人前後での話し合いがもっとも効果的で，そのために3～5人のグループを一つ以上つくれる人数が望まれます．

　解説も含めた所要時間は，およそ30分です．

準　　備

　参加人数分の机と椅子が必要であり，同じチームのメンバーが一つのテーブルを囲むグループワーク形式で会場を設営します．

　主催者（もしくは進行役）は，グループ数と同じ枚数のレポート用紙を用意しておきます．そのほか時間を測定するためのタイマーがあると便利です．

参加者には筆記用具（鉛筆と消しゴム）を持参してもらいます．

進め方

参加者は3～5人一組となり，テーブルを囲んで着席します．複数のグループをつくる場合には，各グループにA，B，Cなどの名称をつけます．一グループの人数は，すべて同人数となることが望ましいのですが，人数に多少のばらつきがみられても構いません．

全員が着席したところで，一グループにレポート用紙を1枚だけ配布します．「ねらい」で述べたような趣旨を簡単に説明したうえで，進行役は参加者に次のように伝えます．

進 行 役　いまから「いたずら電話の撃退法」というテーマで，お互いにアイデアを出し合います．アイデアの質ではなく，量で勝負します．どのグループがいちばん多くのアイデアを出せるか，競い合います．

　　　　　つまらないアイデアでも結構です．よいアイデアをめざすのではなく，一つでも多くのアイデアを出せるように努力してください．

　　　　　各グループで1人の筆記係を決めてください．筆記係の人は，いま配布したレポート用紙に出されたアイデアを書き込んでいきます．

　　　　　時間は10分間です．よろしいでしょうか．

参 加 者　似たようなアイデアも，別々に扱ってよいのですか．

進 行 役　同じでなければ構いません．

　　　　　（ほかに質問がなければ）

　　　　　それでは，スタート．

　　　　　（といって，タイマーを押す）

参加者A　ナンバーディスプレイを利用する．

参加者B　男性の声で応答する．

参加者C　「こちらは警視庁です」といって電話に出る．

参加者D　相手の言葉をオウム返しする．

参加者A　ア行トークで応える．

　　　　　　　：

　　　　（10分が経過し，タイマーが鳴ったところで）

進 行 役　時間となりましたので中断し，筆記係は出されたアイデアを数えてください．そして，レポート用紙の右下に，アイデアの合計数を書い

グループワーク形式の会場

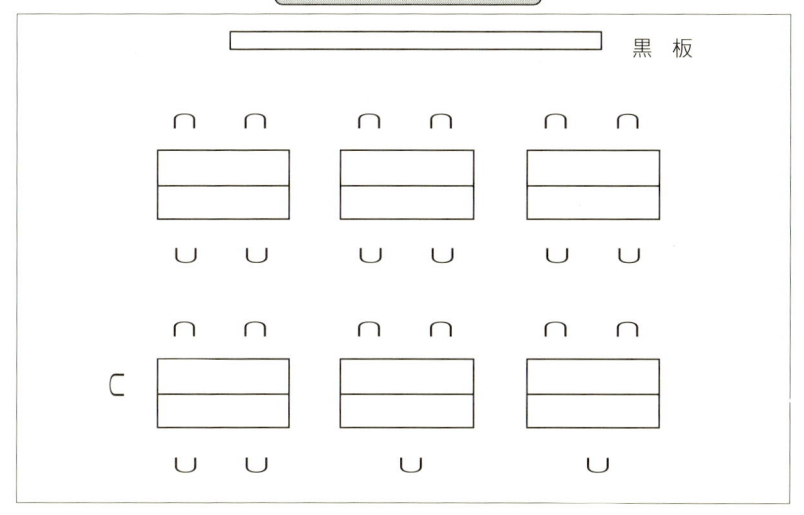

ておきます．
(各グループの筆記係がアイデア数を数え終わったことを確認して)
　それではいまから，出されたアイデアを各グループの筆記係に発表してもらいます．指名されたグループの筆記係の方は，まずはメンバー全員の氏名を紹介して，出されたアイデアをすべて読み上げたうえで，最後に合計数を報告してください．
　それではこちらのグループからお願いします．
(といって，一つのグループを指名する)
　　　　：
(すべてのグループが発表を終えたところで)
　ありがとうございました．それでは，たくさんのアイデアを出すための条件について，各グループで話し合ってください．

補　　足

　CPを出して批判的になったり，あるいはACを出して遠慮したりした人は，アイデアをたくさん出すことはできなかったでしょう．やはり本当のNPとFCでかかわることが，多くのアイデアを出すコツなのです．

「いたずら電話の撃退法」のほかに,「読まない本の活用法」「1日を百円で暮らす方法」「上司を上機嫌にさせる方法」など,多くのテーマが可能です.ひと通り終えたところでテーマを変えて,さらに多くのアイデアを出すように再挑戦すると,いっそう効果的です.
　5つの心(CP, NP, A, FC, AC)を測定するエゴグラムテスト(134〜135頁)を,一連のリーダー・フォロワー関係を強化するトレーニングの最初に,動機づけをねらって行なうのもよいでしょう.また,振り返りを深めるために,最後に実施することもできます.

ワークシート

1. 3～5人一組となり，テーブルを囲んで着席します．
2. メンバー全員が「いたずら電話の撃退法」というテーマで，お互いにアイデアを出し合います．アイデアの質ではなく，量で勝負しますので，一つでも多くのアイデアを出せるように，努力してください．
3. 1人の筆記係を決めてください．筆記係の人は，出されたアイデアをレポート用紙に書き込んでいきます．
4. 10分が経過したところで，出されたアイデアを数えてください．
5. 最後に全員で，アイデアの数をふやすための条件を話し合ってください．

〔アイデア数の比較〕

	1回目	2回目	3回目	合 計
Aグループ				
Bグループ				
Cグループ				
Dグループ				
Eグループ				
Fグループ				
Gグループ				

エゴグラムテスト

次の各質問に，はい（○），どちらでもない（△），いいえ（×）のいずれかで答えてください．はい（○）は2点，どちらでもない（△）は1点，いいえ（×）は0点として，5つの部分の合計点を求めます．

CP	人の言葉をさえぎって，自分の考えを述べることがありますか		合計点
	他人をきびしく批判するほうですか		
	待ち合わせの時間を厳守しますか		
	理想をもって，その実現に努力しますか		
	社会の規則・倫理・道徳などを重視しますか		
	責任感を強く人に要求しますか		
	小さな不正でも，うやむやにしないほうですか		
	子どもや部下をきびしく教育しますか		
	権利を主張する前に，義務を果たしますか		
	「…すべきである」「…ねばならない」という言い方をよくしますか		
NP	他人に対して，思いやりの気持ちが強いほうですか		合計点
	義理と人情を重視しますか		
	相手の長所によく気がつくほうですか		
	他人から頼まれたらイヤとはいえないほうですか		
	他人や子どもの世話をするのが好きですか		
	融通がきくほうですか		
	子どもや部下の失敗に寛大ですか		
	相手の話に耳を傾け，共感するほうですか		
	料理・掃除・洗濯などが好きなほうですか		
	社会奉仕的な仕事に参加することが好きなほうですか		
A	自分の損得まで考えて，行動するほうですか		合計点
	会話で感情的になることは少ないですか		
	物事を分析的によく考えてから，決めますか		
	他人の意見は賛否両論をよく聞き，参考にしますか		
	何事も事実にもとづいて判断しますか		
	情緒的というより，むしろ理論的なほうですか		
	物事の決断を苦労せずに，素早くできますか		
	能率的にてきぱきと仕事を片づけていくほうですか		
	先（将来）のことを冷静に予測して，行動しますか		
	身体の調子が悪いときは，自重して無理を避けますか		

FC	自分をわがままだと思いますか	
	好奇心が強いほうですか	
	娯楽や食べ物などを満足するまで求めますか	
	いいたいことを，遠慮なくいってしまうほうですか	合計
	ほしいものは手に入れないと，気がすまないほうですか	
	「わあー」「すごい」「へえー」など，感嘆詞をよく使いますか	
	直感で判断するほうですか	点
	興に乗ると度を越し，はめを外してしまうほうですか	
	怒りっぽいほうですか	
	涙もろいほうですか	
AC	思っていることを口に出せないほうですか	
	人から気に入られたいと思いますか	
	遠慮がちで消極的なほうですか	
	自分の考えを通すより，妥協することが多いですか	合計
	他人の顔色やいうことが，気にかかりますか	
	つらいときには我慢してしまうほうですか	
	他人の期待に沿うように，過剰な努力をしますか	点
	自分の感情を抑えてしまうほうですか	
	劣等感が強いほうですか	
	現在「本当の自分」から離れているように思いますか	

5つの心（CP，NP，A，FC，AC）の各合計点を，縦線と横線が交わるところに書き写し，折れ線グラフをつくってください．

	CP	NP	A	FC	AC
19					
17					
15					
13					
11					
9					
7					
5					
3					
1					

（岩井・石川ら，1978より）

16 自由連想ゲーム
自己理解と他者理解を深める

ねらい

　ここからは，自分からみた相手，自分からみた自分，相手からみた自分など，対人認知の問題を取り上げます．

　対人認知は他者との日々のコミュニケーションを通して形成され，日々のコミュニケーションに大きな影響を及ぼしています．したがって対人認知を修正できれば，コミュニケーションを改善することも可能になるのです．

　私たちは日常生活のなかで，相手に対して特定のイメージを抱き，そのイメージを頼りにして，相手とのコミュニケーションを行なっています．たとえばスタッフAは誉め言葉に弱いので，まずは誉めてから要求を伝えようといった具合です．

　ところが，このような相手に対するイメージは，外見にもとづく第一印象に大きな影響を受けて形成されています．しかも，いったん形成されたイメージは，固定化される傾向にあります．そうすると，もしも外見が実際の中身とずれていたならば，間違ったイメージにもとづき，無効なコミュニケーションをはかることになるのです．たとえば，外見からは忍耐強くみえたスタッフBに残業を依頼したところ，すぐに音をあげてしまったといった具合です．

　ここで紹介する「自由連想ゲーム」では，他者に対する自分の対人認知が，どの程度妥当かを知ることができます．また，自分が他者からどのように認知されているのかも，同時に理解できるのです．「自分からみた相手」と「相手からみた自分」とを見直すことによって，コミュニケーションの改善をはかるのが，このゲームのねらいです．

人数・所要時間

　一度に体験できる人数は3人から無限大ですが，効果的な人数はおよそ6名以上20名未満です．人数が少ないと集団のダイナミズムが生じにくく，多い

椅子だけで円を描いて座る会場

参加者が多い場合の座り方

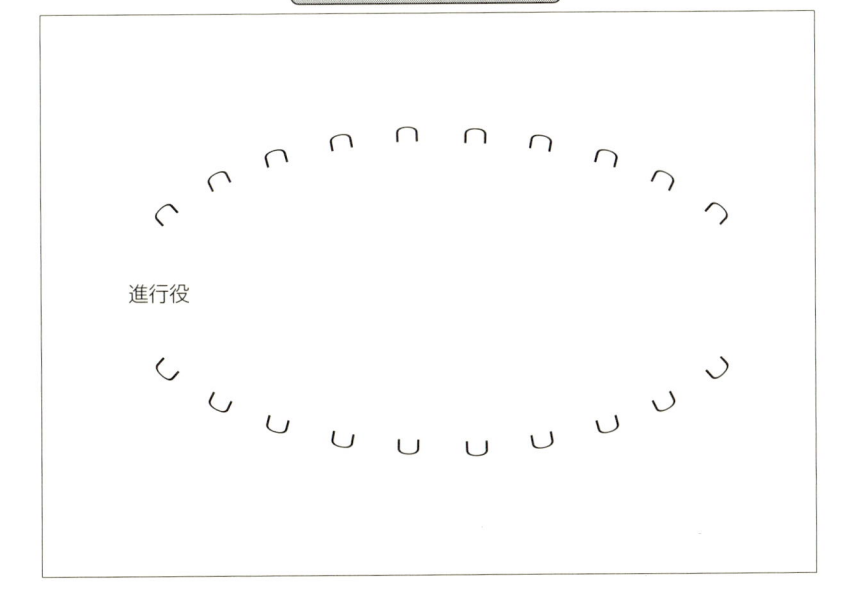

進行役

と散漫な体験になりがちです．全員が互いに名前と表情を確認することのできる集団規模がもっとも望ましく，参加者が20名を超える場合には，グループを分けて別々に行なうほうがよいでしょう．

所要時間は，たとえば10名ほどの参加者でテーマを変えながら3回体験するとして，解説も含めておよそ90分です．

準　　備

全員が椅子に着席し，円を描く形で座ります．そのため会場定員が参加者数の1.5倍から2倍の広さを必要とします．

主催者（もしくは進行役）は，名刺大のカードを参加者1人につき3枚ずつ用意しておきます．また，各参加者の名札も必要です．

参加者には筆記用具（鉛筆と消しゴム）を持参してもらいます．

進　め　方

ここでは参加者10名を想定して，進め方を説明します．人数が少ない場合と多い場合については，「補足」のところで解説します．

参加者全員に椅子だけで円を描く形で着席してもらい，それぞれに名刺大のカードを3枚と名札を配布します．

名札を足元の床の上においてもらい，「ねらい」で述べたような趣旨を簡単に説明したうえで，進行役は参加者に次のように伝えます．

進 行 役　縦長においたカードの頭のところに，ご自身のお名前を横書きで書き込んでください．3枚とも名前を書きます．

　　　　　（参加者全員が名前を書き終えたことを確認して）

　　　　　これから一つのテーマを出しますので，そのテーマにもとづいて自由に連想していただき，何か一つの言葉か短い文章を1枚のカードに書いてください．

　　　　　ただし，たとえば「山」というテーマに対して「川」と書くような，一般的な連想は避けてください．個人的な考えや体験にもとづいて連想するようにお願いします．

参 加 者　3枚のカードそれぞれに，連想した言葉を記入するのですか．

進 行 役　1枚だけに書きます．ほかの2枚はのちほど，別のテーマで使うことになりますので，記入しないでください．

ワークシート

1. 互いが表情を確認できるように，椅子だけで円を描いて着席します．
2. 名刺ほどの大きさのカードを各メンバーに配り，何かひとつのテーマ（休日，仕事，友人など）を与えます．
3. メンバーは各自，テーマから連想される単語や単文を，個人的な考えや体験にもとづき自由に書きます．
4. 全員が書き終えたところでカードを回収し，進行役が1枚ずつ読み上げます．
5. 1枚読み上げられるごとに，だれが書いたカードか，メンバー全員で当てていきます．ただし自分が書いたカードが読まれたときには，「自分です」とはいわずに，だれか適当な人の名前をあげてください．
6. 全員が指名し終えたところで，進行役が正解を発表します．
7. 残りのカードが1枚になるまで同様に繰り返し，最後に全員で気づいたことについて報告し合います．

〔カードの書き方〕

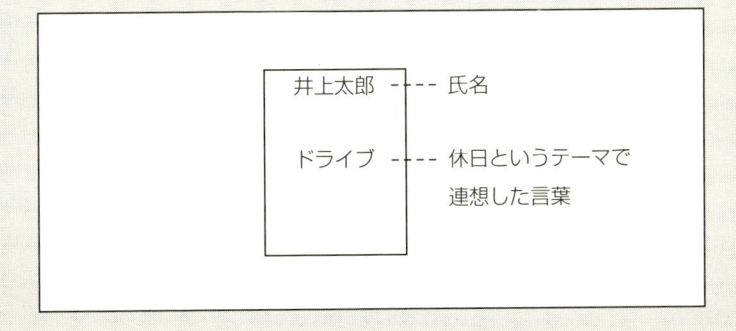

```
井上太郎  ---- 氏名

ドライブ  ---- 休日というテーマで
               連想した言葉
```

　　　　ほかに質問はありませんか．
　　（ほかに質問がなければ）
　　　　それでは，1つ目のテーマをいいます．まずは「休日」です．休日の過ごし方で結構ですから，一つの言葉か短い文章を書いてください．
　　　　隣りの人のカードはけっして覗き込まないでください．書き終えた人はカードを裏返します．
　　（全員がカードに書き終えたことを確認して）
　　　　それではカードを回収します．
　　（全員のカードを回収したところで）
　　　　いまから1枚のカードを読み上げますので，みなさんは，だれが書いたカードかを当てていきます．Aさんから右回りで順に「だれだれ」と，名前をあげていってください．
　　　　名前をいわれた人は，いちいち「正解」とか「はずれ」などといわないでください．書いた人の名前は，私が最後に発表します．
参 加 者　自分の書いたカードが読まれた場合には，どうすればいいですか．
進 行 役　自分のカードが読まれた場合には，「私です」とはいわずに，自分と同じ連想をしそうな人を，だれか1人あげてください．
　　　　自分のカードが読まれたときに，顔に動揺の表われる人がいますが，けっして顔には出さないでください．
　　（ほかに質問がなければ）
　　　　それでは1枚目のカードを読み上げます．「ドライブ」と書いたのはどなたでしょう．Aさんから右回りで順に，名前をあげていってください．
参加者A　Cさんだと思います．
参加者B　Eさん．
参加者C　私もEさん．
　　　　　：
　　（全員が氏名をいい終えたところで）
進 行 役　「ドライブ」と書いたのは，Cさんでした．Cさんは足元の名札を裏返してください．
　　　　それでは次のカードを読みます．「ごろ寝」と書いたのはだれでし

自由連想ゲームのテーマ例

私生活領域： 「休日」「家族」「友人」……

公生活領域： 「仕事」「残業」「忘年会」……

人 生 領 域： 「人生」「結婚」「老後」……

参加者が少ない場合の板書例

テーマ：休日					
	佐藤	井上	坂本	田中	正解
ドライブ	田中	佐藤	田中	井上	井上
ごろ寝	井上	佐藤	佐藤	坂本	田中
エアロビクス	田中	坂本	田中	佐藤	佐藤
掃除・洗濯	田中	佐藤	井上	井上	坂本

　　　　　　ょう．今度はJさんから順に，左回りで当てていきましょう．
参加者J　Fさんだと思います．
参加者I　Dさん．
参加者H　Bさん．
　　　　　　：
　　　（以下，同じ）

補　　足

　読み上げるカードが残り1枚になったところで，次のテーマに移り，同じ要領で名前をあげてもらいます．参加者たちが似たり寄ったりの連想しかできないテーマは，ふさわしくありません．バラエティ豊かな連想が可能になるように，テーマを選ばなければならないのです．テーマは「休日」「仕事」といった軽いものから始めて，回を重ねるごとに「人生」といった重いテーマを扱うようにするのがよいでしょう（141頁上図参照）．

　また，ほかの参加者には理解できないような，特殊な連想をする参加者もいます．そのようなカードを読み上げたときには，連想が終わったあとに，差し支えのない範囲内で，本人に補足説明してもらうのもよいでしょう．

　すべてのテーマが終わったところで，「気づいたこと」や「感想」を参加者同士で報告してもらうと，いっそう効果的です．「第一印象だけでは判断できない」「人間は奥が深い」「私はまわりから誤解されている」「私は名前をいわれる回数が少なく，存在が薄いのかもしれない」など，「自分からみた他者」や「他者からみた自分」についての報告が，多くの参加者からなされるでしょう．

　参加人数が少ない場合（およそ6名未満）には，黒板（ホワイトボード）を使って，すべてのカードを一度に公開します（141頁下図参照）．そして，各カードについて全員が名前をあげたあとに，それぞれのカードの正解（連想した人）を発表するのです．

　逆に，人数が多い場合（およそ20名以上）には，参加者をほぼ同人数の二グループに分けく，2つの弧を描く形で着席してもらいます．カードはグループごとに回収し，一方のグループのカードを1枚読み上げて，他方のグループの参加者に正解を連想してもらいます．次に他方のグループのカードを1枚読み上げて，一方のグループの参加者に連想をしてもらいます．このように交互に繰り返すことで，およそ40名ほどの参加者まで，一度に体験できます．

17 性格フィードバック
他者からみた自分を理解する

ねらい

　自分では理性的に臨んでいるつもりでも，それが相手にうまく伝わらず，相手からは感情的だと思われていることがあります．また，自分ではやさしく接しているつもりなのに，相手からはきびしくとらえられていることもあります．このような「自分からみた自分」と「相手からみた自分」とのギャップは，さまざまな誤解やトラブルへとつながるのです．
　「自分からみた自分」と「相手からみた自分」とのギャップを埋めるためには，まずは「自分からみた自分」と「相手からみた自分」の双方をよく知り，それらを比較しなければなりません．そのうえで，「相手からみた自分」を素直に受け入れ，いっそう適切に自己表現するように努めなければならないのです（145頁参照）．
　ここで紹介する「性格フィードバック」では，まず最初にエゴグラムテストに取り組み，「自分からみた自分」を理解します．そのうえで，エゴグラムテストと同じ項目を10名の相手に評価してもらい，そこから得られた「まわりの人々からみた自分」を，「自分からみた自分」と比較するのです．

人数・所要時間

　一度に体験できる人数は，11名から無限大です．各参加者は10名から評価を受けることになります．したがって，最少でも11名の参加者が必要となります．参加者が30名を超える場合には，グループを分けて別々に行ないます．
　エゴグラムの作成と性格フィードバック，それに解説も含めた所要時間は，およそ120分です．集中力の持続に配慮して，途中で短い休憩を入れるとよいでしょう．

準　　備

　最初は全員が机と椅子を使い，黒板（もしくはホワイトボード）に向かう教室形式でスタートしますが，のちに全員が椅子だけを使用し，円を描く形で座ります（147頁）。全員が円を描く形で座るため，会場定員が参加者数の1.5倍から2倍の広さを必要とします。

　主催者（もしくは進行役）は，「エゴグラムテスト」（134頁）のほかに，性格フィードバックシート（150頁）と振り返りシート（151頁）を参加人数分＋αを用意しておきます。

　性格フィードバックシートは，参加者が椅子に座った状態で，机を使わずに記入することになります。したがって紙1枚の薄いシートだけでは不都合で，下敷きになるクリップボードなどを用意します。ほかの多くのシートとともにホチキスなどで留める場合には，下敷きは必要ないでしょう。

　参加者には，筆記用具（鉛筆と消しゴム）を持参してもらいます。

進　め　方

　ここでは最少催行人数である11名での進め方を説明しましょう。人数が多い場合の進め方については，「補足」のところで紹介します。

　参加者全員が机と椅子を使い，黒板（ホワイトボード）に向かう教室形式でスタートします。

　エゴグラムについて簡単に説明したうえで，エゴグラムテストのシートを配布し，各自に取り組んでもらいます。その際，エゴグラムテストをはじめとする自己記入式テストの多くが「自分からみた自分」を表わしており，「まわりからみた自分」を知る必要もあることを，「ねらい」で述べた趣旨とともに伝えます。

　続いて，机を会場の脇に片づけ，椅子だけで円を描く形で着席してもらいます。互いの表情が確認できるような，真ん丸の円ができたところで，性格フィードバックシートを配布し，進行役は参加者に次のように伝えます。

進 行 役　性格フィードバックシートに氏名，性別，日付を記入したうえで，ご自分のシートを右隣りの人に渡してください。
　　　　　（全員が右隣りの人にシートを渡したことを確認して）
　　　　　　いま，自分の目の前に，左隣りの人のシートがあります。左隣りの

「自分からみた自分」と「相手からみた自分」

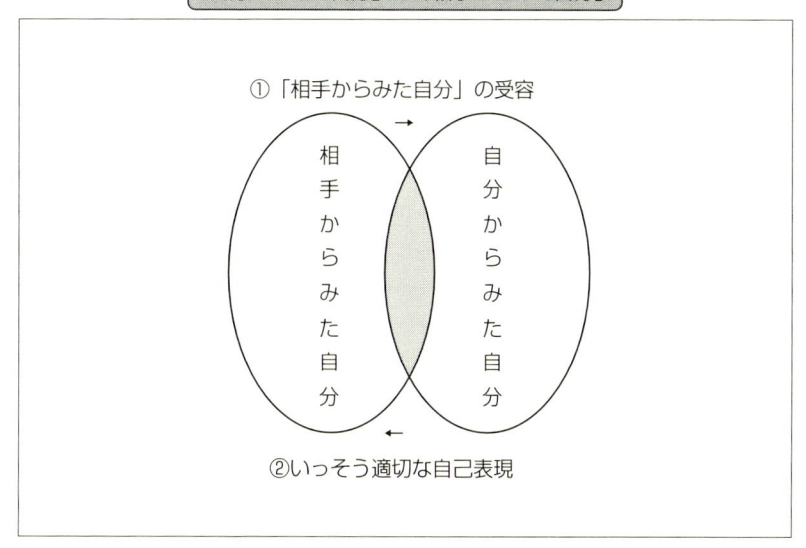

①「相手からみた自分」の受容

相手からみた自分　　自分からみた自分

②いっそう適切な自己表現

　　　人の性格をどのように思いますか．CP（批判的な親心），NP（養育的な大人心），A（理性的な大人心），FC（自由な子ども心），AC（従順な子ども心）の各項目について，強いと思ったら2マスに，普通と思ったら1マスに斜線を数本引き，弱いと思ったら何も引かないでください．シートの下には各項目の特徴が書いてありますので，参考にしてください．
　　　よろしいでしょうか．
参加者　左隣りの人の性格がよくわからない場合には，どのようにすればよいのですか．
進行役　いままでに接した範囲内で判断してください．第一印象でも結構です．
　　　（ほかに質問がなければ）
　　　それでは始めます．左隣りの人をチラッ，チラッとみながらつけてください．左隣りの人と視線が合うことはけっしてありません．
　　　まずは批判的な親心です．理想，良心，正義感，責任感，きびしい，批判的，干渉的などの特徴が強いと思ったら2マスに，普通と思っ

たら1マスに斜線を引き，弱いと思ったらそのままにしておいてください．

　次に養育的な親心です．養育的，保護的，受容的，やさしい，甘やかし，おせっかいなどの特徴が強いと思ったら2マスに，普通と思ったら1マスに斜線を引き，弱いと思ったらそのままにしておいてください．

　次は理性的な大人心です．理性的，客観的，現実的，分析的，冷静，理屈っぽい，冷淡などの特徴が強いと思ったら2マスに，普通と思ったら1マスに斜線を引き，弱いと思ったらそのままにしておきます．

　次に自由な子ども心です．自由奔放，創造的，積極的，元気，衝動的，わがままなどの特徴が強いと思ったら2マス，普通と思ったら1マスに斜線を引き，弱いと思ったらそのままにしておいてください．

　最後に従順な子ども心です．我慢強い，素直，従順，人見知り，消極的，依存的などの特徴が強いと思ったら2マス，普通と思ったら1マスに斜線を引き，弱いと思ったらそのままにしておいてください．

　さて，これで左隣りの人のシートに記入し終えました．ここで，このまま本人に戻すと気まずいので，さらに右隣りの人にシートを渡します．

（全員が右隣りの人に渡したことを確認して）

　いま，みなさんの目の前には，左から数えて2人目の人のシートがあります．左から数えて2人目の人の性格をどのように思いますか．今度は，前の人に引き続いて斜線を引いていきます．けっして重ね引きしたり，マスを空けたりしないでください．たとえば前の人が2マスに斜線を引いていたなら3マス目から記入します．強いと思ったら2マス，普通と思ったら1マスに斜線を引き，弱いと思ったらもちろん何も引きません．

　よろしいでしょうか．

（参加者から質問がなければ）

　それでは始めます．左から数えて2人目の人をチラッ，チラッとみながら，まずは批判的な親心です．

（以下，同様にシートを右に回し，10人目まで記入し終えたところで）

　ちょうど10人の人のシートに記入し終えました．各自10人の人か

教室形式の会場

黒　板

椅子だけで円を描いて座る会場

ら記入してもらったことになります．みなさんのシートは，いま左隣に座っている人がもっています．これから自分のシートを受け取りますが，たとえ不本意な結果が戻ってきたとしても，それを成長の肥やしにしていただきたいと思います．
　それでは右隣りの人にシートを渡し，ご自分のシートを受け取ってください．
（全員が自分のシートを受け取ったことを確認して）
　いかがでしたでしょうか．納得できた人もできなかった人も席を立ち，会場をスタート時の教室形式に戻してください．
（全員が机と椅子を使い，黒板もしくはホワイトボードに向かったところで）
　シートのCP，NP，A，FC，ACそれぞれのトップのセンターに黒丸（●）をつけてください．そして，その黒丸を実線で結び，折れ線グラフを作成します．
（全員が実線の折れ線グラフを作成したことを確認して）
　次に，最初に取り組んだエゴグラムテストの結果を，この性格フィードバックシート上に書き写します．エゴグラムテストの結果は黒三角（▲）で書き写し，黒三角を点線で結んで折れ線グラフをつくってください（153頁上図参照）．
（全員が点線の折れ線グラフを作成したことを確認して）
　これで，「自分からみた自分」と「まわりからみた自分」の違いが一目瞭然となりました．いまから振り返りシート（151頁）を配布しますので，自分とまわりの人々の認識の違い，その違いから生じる問題，今後どうすればよいのかなどを考え，記入してください．

補　　足

「自分からみた自分」（エゴグラム）と「まわりからみた自分」（性格フィードバックの結果）とのずれについて，簡単なケーススタディを行なってみましょう（153頁下図参照）．
　まず，全般的に「自分からみた自分」のほうが高く推移するケース1では，まわりに対する自分の存在感が弱く，あまり目立たない人だといえます．逆に，「まわりからみた自分」のほうが高く推移するケース2では，まわりに対する自分の存在感が強く，そのために何をやっても目立つことになります．

ワークシート

1. 事前にエゴグラムテストに取り組みます．
2. 次に，11～30名ほどの参加者が互いに表情を確認できるように，椅子だけで円を描いて着席します．
3. 性格フィードバックシートに氏名などを記入したうえで，自分のシートを全員が右隣りの人に渡し，同時に左隣りの人のシートを受け取ります．
4. 左隣りの人の性格を5つの項目（CP，NP，A，FC，AC）ごとに評価し，いま目の前にあるシートに記入していきます．各項目について，強いと思ったら左端から2マスに，普通と思ったら1マスに斜線を引き，弱いと思ったら何も引かないでください．
5. 全員が評価を終えたら，また右隣りの人にシートを渡して，左から数えて2人目の人の性格を評価します．マス目には空欄を設けず，空いているマス目の左端から斜線を引いていきます．
6. 5を繰り返し，左から数えて10人目の人まで評価をしたら，本人に性格フィードバックシートを返します．
7. 性格フィードバックの結果とエゴグラムテストの結果とを比較し，「まわりからみた自分」と「自分からみた自分」の違いを各自が振り返ります．

性格フィードバックシート

性格フィードバックシート

氏名：＿＿＿＿＿＿＿　　性別：男・女　　日付：　　年　　月　　日

　氏名の欄に署名してある人の性格をどのように思いますか．各項目について，「強い」と思ったら2マス（▨▨），「普通」と思ったら1マス（▨□）に左端から斜線を引き，「弱い」と思ったら何も引かないでください（□□）．

	5	10	15	20
CP（批判的な親心）				
NP（養育的な親心）				
A（理性的な大人心）				
FC（自由な子ども心）				
AC（従順な子ども心）				

CP（批判的な親心）の特徴	理想，良心，正義感，責任感，きびしい，批判的，干渉的
NP（養育的な親心）の特徴	養育的，保護的，受容的，やさしい，甘やかし，おせっかい
A（理性的な大人心）の特徴	理性的，客観的，現実的，分析的，冷静，理屈っぽい，冷淡
FC（自由な子ども心）の特徴	自由奔放，創造的，積極的，元気，衝動的，わがまま
AC（従順な子ども心）の特徴	我慢強い，素直，従順，人見知り，消極的，依存的

振り返りシート

性格フィードバックを終えて

氏名：＿＿＿＿＿＿＿　　日付：　　年　月　日

自分とまわりの認識の違い	
その違いから生じる問題	
今後どうすればよいのか	

次のケース3は，自分では子ども心よりも親心のほうが強いつもりなのに，まわりからは「まだまだ子ども」と思われています．そのため何をするにしても任せてもらえず，おせっかいをやかれたり，干渉されたりすることになるのです．それとは逆にケース4では，自分ではまだ幼いと思っているのに，責任をともなう役割をまわりから期待されることになるでしょう．
　ケース5は少々複雑で，「自分からみた自分」がM型なのに，「まわりからみた自分」はW型です．親心についていえば，自分ではNPのほうが強いと思っているのに，まわりからはCPが強く認識されています．自分では気づかないうちに，意外と多くの緊張をまわりにもたらしているかもしれません．また，子ども心をみると，自分ではFCのほうが強いと思っているのに，まわりからはACを強く認識されています．従順にみえるために，我慢を強いられることも多くなるでしょう．理性的な大人心については，本人が思っている以上に高くみられており，そのため理性に欠ける行動をとったときのまわりの驚きは，大きなものになります．
　ケース5と正反対なのが，最後にあげるケース6です．つまり「自分からみた自分」がW型なのに，「まわりからみた自分」はM型なのです．このようなケースでは自分のきびしさがまわりに伝わらず，他者から依存されることも少なくないでしょう．また自分では遠慮しているつもりでも，まわりからはわがままだと受け取られているかもしれません．理性的な大人心についてはまわりに低く認知されており，自分が思っているほどではないようです．
　なお，「自分からみた自分」と「まわりからみた自分」とがほぼ重なっていて，ずれの少ない人もいます．そのような人は「自分からみた自分」を，相手もありのままに受け取っているといえます．
　この性格フィードバックを初対面の参加者同士で行なうと，互いの第一印象を知ることができます．また，日頃の仲間同士で行なえば，仲間が日頃，自分にどのような認知を抱いているかがわかります．
　円を描く形で座る人数は，およそ30人が限度です．30人を超すと互いの表情が確認しづらくなるからです．人数が30人を超える場合には，11〜30人による円を複数つくることになります．また，30人で性格フィードバックを行なう場合は，左から数えて11人目からスタートし，20人目で終わるのがよいでしょう．そうすると，各参加者は正面および正面に近い人たちを評価することになり，互いの表情を確認しやすくなります．

エゴグラムテストと性格フィードバックの結果

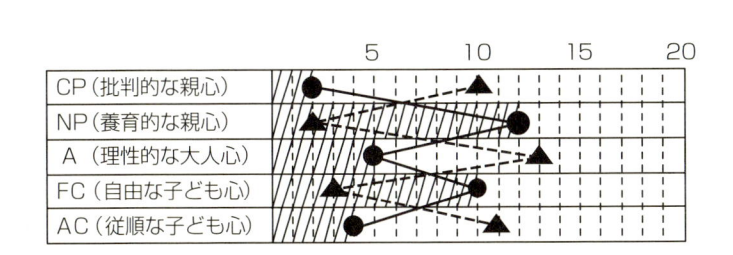

| | 5 | 10 | 15 | 20 |

- CP（批判的な親心）
- NP（養育的な親心）
- A（理性的な大人心）
- FC（自由な子ども心）
- AC（従順な子ども心）

▲：エゴグラムテストの結果
●：性格フィードバックの結果

ケーススタディ

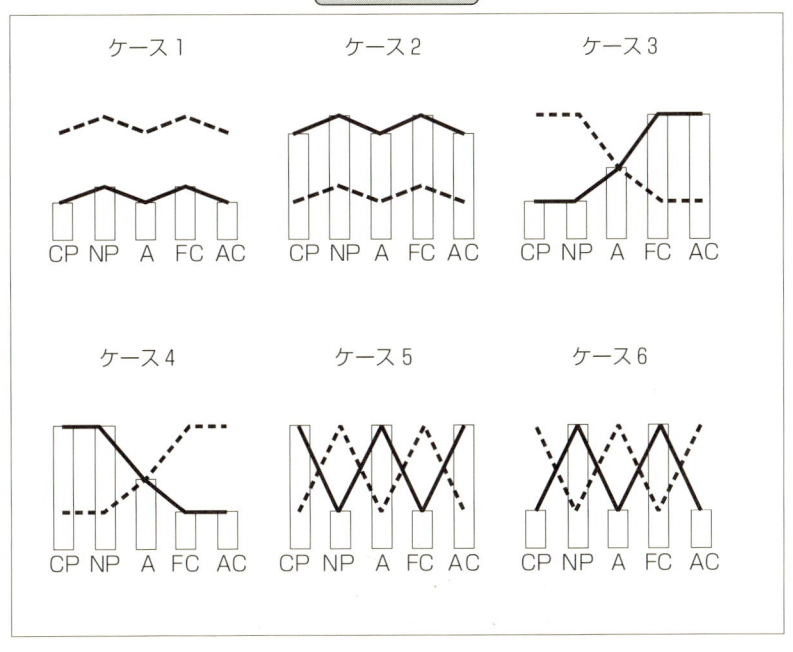

ケース1　　ケース2　　ケース3
CP NP A FC AC　CP NP A FC AC　CP NP A FC AC

ケース4　　ケース5　　ケース6
CP NP A FC AC　CP NP A FC AC　CP NP A FC AC

18 守護霊プレイ
自己表現と相互理解を促進する

ねらい

　すでに紹介した「自由連想ゲーム」や「性格フィードバック」を通して,「まわりの人からみた自分」を教えてもらうと,「まわりに本当の自分を知らせたい」という欲求を抱く参加者も少なくありません．このように自己表現欲求が高まっていることが，ここで紹介する「守護霊プレイ」を行なう前提条件です．

　守護霊プレイでは自分自身を対象化（客観視）して，まるで他者（第三者）のように語る形で，自分を周りの人に伝えます．つまり，まわりに対する自己開示が守護霊プレイのねらいですが，これは「まわりの人からみた自分」を教えてもらうフィードバックとともに，ジョハリの窓の「自分もまわりも知っている自分」を拡大することにつながるのです（右下図参照）．

　よく知られているとおりジョハリの窓では，自分には「自分が知っている自分」と「自分が知らない自分」とがあり，さらに「まわりが知っている自分」と「まわりが知らない自分」があると説明します．そうすると合計4つの自分があることになり，つまり，①「自分もまわりも知っている自分」，②「自分は知っているがまわりは知らない自分」，③「自分は知らないがまわりは知っている自分」，そして④「自分もまわりも知らない自分」があるのです．

　これら4つの自分のうち，①「自分もまわりも知っている自分」では，「自分からみた自分」と「まわりからみた自分」が重なり合っており，自分が表現したありのままの自分を，まわりもそのまま受け入れていることになります．それに対して②，③，④の自分は，いずれも自分とまわりとの間でコミュニケーションが不十分であり，そのために誤解やトラブルを招きかねないのです．

　そうすると，誤解やトラブルを防ぐためにも，①「自分もまわりも知っている自分」を拡大することが大切であり，そのためには次の2つの方法が考えられるのです．一つは「自分が知っている自分」を拡大するために，「まわり

ジョハリの窓

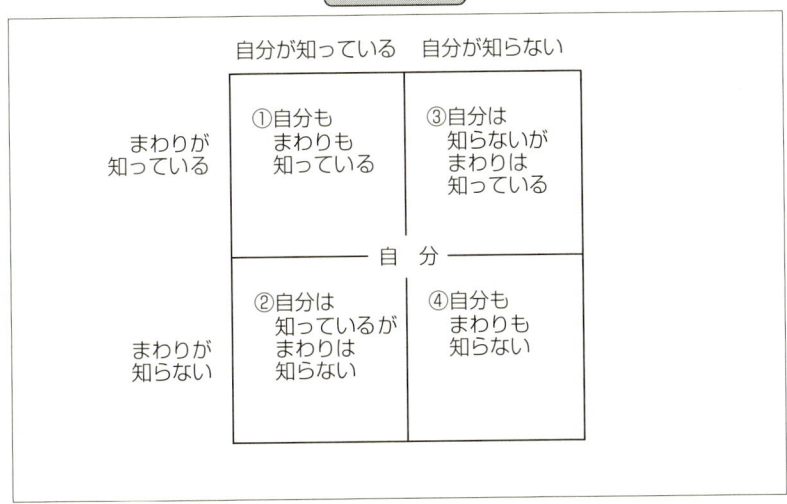

	自分が知っている	自分が知らない
まわりが知っている	①自分もまわりも知っている	③自分は知らないがまわりは知っている
まわりが知らない	②自分は知っているがまわりは知らない	④自分もまわりも知らない

「自分もまわりも知っている自分」の拡大

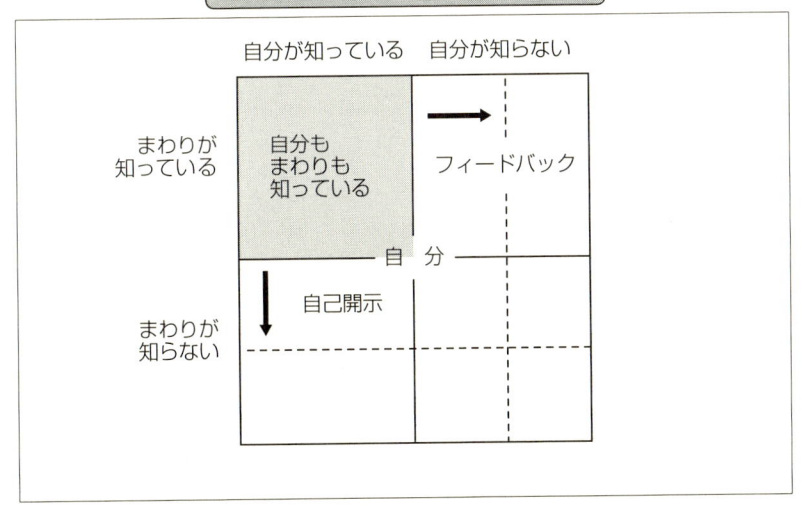

	自分が知っている	自分が知らない
まわりが知っている	自分もまわりも知っている	→ フィードバック
まわりが知らない	↓ 自己開示	

が知っている自分」を教えてもらうフィードバックであり，もう一つは「まわりが知っている自分」を拡大するために，「自分が知っている自分」を伝える自己開示となります．

　しかし，進行役が参加者に，「さあ，自己開示しましょう」「自分のことをまわりに伝えましょう」と呼びかけたところで，容易に応じられる参加者は少ないでしょう．参加者が無理なく自己開示できるように，何らかの方法を考える必要があり，その方法の一つがここで紹介する守護霊プレイなのです．

　自分を危険から守り，幸せへと導いてくれる霊が一人ひとりについているという信仰があり，その霊を守護霊といいます．守護霊プレイでは，自分の守護霊の役割を自分で演技します．そうすることで自分をうまく対象化して冷静にみつめ，まるで他人事のように自分を語ることができ，自己開示を容易にするのです．

人数・所要時間

　一度に体験できる人数は2名から無限大ですが，参加者全員に60～90分間で体験してもらうためには，10～15名ほどが適正人数です．参加者が20名を超える場合には，2つのグループに分けて別々に行なうほうがよいでしょう．

　15名ほどの参加者で行なう場合の所要時間は，解説も含めておよそ90分です．

準　　備

　進行役と参加者が一つの円を描く形で座ります．そのため，会場定員が参加者数の1.5倍から2倍の広さの会場を必要とします．

　主催者（もしくは進行役）は，時間を測定するためのタイマーを用意します．

　そのほかに，参加者が瞑想しやすくなるようにBGMを使用したり，自己開示しやすくなるように照明を少し暗くしたりなど，多少の演出を行なうこともあります．ただし，静かな環境であれば特別な演出は必要ありません．また，参加者を感情的にさせる過剰な演出は，逆効果になるでしょう．

　参加者に持参してもらうものは，特にありません．

進　め　方

　参加者全員と進行役が椅子だけを使用し，円を描く形で座ります．互いの表

　　　　　　　　椅子だけで円を描いて座る会場

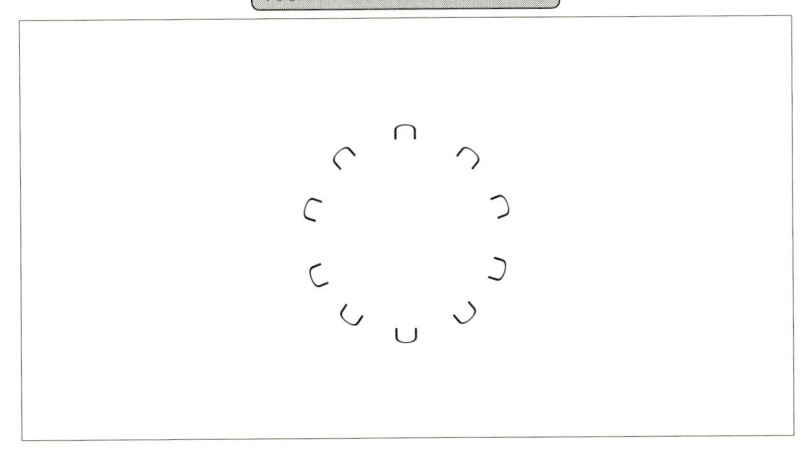

情が確認できるように，真ん丸の円にします．
「ねらい」で述べたような趣旨を簡単に説明したうえで，進行役は参加者に次のように伝えます．

進行役　自分を危険から守り，幸せへと導いてくれる守護霊が，一人ひとりについているという信仰があります．いまから自分についている守護霊の役割を，自分で演技することにしましょう．

　私の右隣りのAさんから順番に，次のように演じてください．

　まずは座席を立って，椅子の後ろに回ります．そうすると，自分はまだ椅子に座っており，後ろに立ったのは自分の守護霊となるわけです．

　そして，たとえば「私はだれだれの守護霊です．彼を何年間，見守ってきました．いままでの彼は，こうでした．いまの彼は，こういう状態です．今後は，こういうふうに生きていけるよう，彼を見守り続けていきたいと思います」と自分自身を三人称で語ってください．このように1人およそ3～5分間で演じ，演技が終わったら座席に着席し，守護霊から自分自身に戻ります．

　3分が経過したところでタイマーが鳴りますが，演技を中断する必要はありません．まとめに入るように努力してください．うまく演じようとすると緊張しますので，思いつくままに「ああだ，こうだ」と

話していき，タイマーが鳴ったら「今後は，何々であるよう彼を見守
　　　り続けていきたいと思います」とまとめていただいて結構です．
　　　　何か質問はありますか．
参　加　者　事前に自分の演技のシナリオをメモ書きしてもいいですか．
進　行　役　私がモデルを示したあとに，シナリオを考えてもらう瞑想の時間を
　　　5分間用意いたします．ただし，メモはいっさいとらないでくださ
　　　い．即興で演じます．先ほどもいいましたが，うまく演じようとせず，
　　　思いつきのアドリブで試みてください．
　　　（ほかに質問がなければ）
　　　　それでは，まずは私からモデルを示します．
　　　（椅子の後ろに立って）
　　　　　私は諏訪茂樹の守護霊です．彼を41年間，見守ってきました．
　　　　彼は岐阜県の田舎で生まれて，自然環境と親の愛情に比較的恵まれ
　　　ながら，育ってきたと思います．やんちゃながらも人見知りをする内
　　　弁慶な幼少期でしたが，小学校から中学校にかけて積極的となり，勉
　　　強もスポーツもがんばっていたようです．高校時代には青春を謳歌し
　　　すぎて，大学受験ではすべてが不合格となりました．1年間の受験浪
　　　人ののちに法学部に合格し，上京してきたのですが，法律の勉強が性
　　　に合わずに2年で中退してしまい，大学に入り直して社会心理学を
　　　勉強するようになりました．大学卒業時には構造不況の最後の年で，
　　　就職口がなくて大学院に進みました．そうこうしているうちに彼は
　　　30歳となり，世はバブル景気で浮かれているときに，貧乏学生のま
　　　まで机にかじりつく毎日でした．バブルがはじけた頃に，彼はようや
　　　く自分の研究で収入を得るようになり，数年間のフリーランスを経
　　　て，いまは大学で教育と研究に携わっております．
　　　　　地位や名誉にこだわると，仕事も私生活もつまらなくなることを彼
　　　はよくわかっているはずです．しかし，業績の数が評価の対象となる
　　　世界で，彼はときどき他者と彼自身を比較して，焦ったり劣等感を抱
　　　いたりしているようです．評価の基準を彼自身の内面におき，地位や
　　　名誉にこだわることなく，やり甲斐や楽しさを大切にしながら生きて
　　　いけるように，今後も彼を見守っていきたいと思います．
　　　（席に戻ったあとに）

> **ワークシート**

1. メンバー全員が表情を確認できるよう，円を描く形で椅子に座ります．
2. 最初に進行役がモデルを示し，そのあとでメンバーに守護霊プレイのシナリオを考えてもらいます．
3. メンバーは順に椅子の後ろに立ち，「私はだれだれ（自分の名前）の守護霊です．彼を何年間（自分の年齢），見守ってきました．いままでの彼は，こうでした．いまの彼はこういう状態です．今後は，こういうように生きていけるよう，彼を見守り続けていきたいと思います」と，自分自身を三人称で語り，1人およそ3～5分間で演じます．
4. 全員の演技が終わったら，ほかのメンバーの守護霊に接して気づいたことを互いに報告します．

〔守護霊プレイでのポーズ〕

演技前　→　演技中　→　演技後

私の守護霊プレイは以上のとおりですが，何か進め方について，質問はないでしょうか．
　　　（質問がなければ）
　　　　　それではいまから5分間ほど目を閉じて瞑想し，それぞれに守護霊プレイのシナリオを考えてください．
　　　（5分が経過したところで）
　　　　　目を開いてください．よろしいでしょうか．私の右隣りのAさんから順に，3〜5分間ほどの守護霊を演じてください．それではお願いします．
参加者A　私はAの守護霊です．彼を35年間，見守ってきました．彼は……．
　　　　（Aのプレイが終わって全員で拍手をし，Aが着席したところで）
進 行 役　結構です．それではBさん，お願いします．
参加者B　私はBを50年ほど見守ってきた守護霊です．彼は……．
　　　　（全員の守護霊プレイが終わったところで）
進 行 役　ようやく全員の守護霊プレイが終わりました．
　　　　　ここでシェアリングを行ないましょう．他の人の守護霊プレイをみてどのように思ったかを，簡単で結構ですから一言ずつ，Aさんから順に報告してください．
参加者A　まるで古くからの知人のように，親しみがわいてきました．
参加者B　みなさんはご自身のことを冷静に把握されていると思いました．
　　　　　　：

[　補　　　足　]

　この「守護霊プレイ」は，集団心理療法のサイコドラマ（心理劇）において，たびたび行なわれる手法です．自分のことを「彼は」という三人称で語ることで自分自身から離れ，自分の過去・現在・未来を冷静に整理することができるのです．
　守護霊プレイを終えた参加者の多くは，ほかの参加者に対していままでにない親近感を覚え，互いに好意的な認識をもつようになります．参加者同士の集団凝集性が，急速に高まるのです．
　なお，自己開示にはレベルがあり，深いものから浅いものまでさまざまですが，どのレベルで自己開示を行なうかは，参加者の主体的な意志に任せるべき

です．そもそも自己開示は他者に強制されて行なうものではなく，自らの意志で主体的に行なうものです．進行役はけっして深いレベルでの自己開示を強制してはなりません．進行役にできることは，深いレベルでの自己開示を容易にするために，さまざまな条件を整えていくことだけです．

　たとえば，参加者の心理的な防衛を取り除くために，事前に十分なアイスブレーキングが必要です．つまり，参加者の緊張を和らげ，リラックスした雰囲気をつくり出すために，簡単で楽しいトレーニングを前もっていくつも行なうのです．すでに紹介したトレーニングの多くは，アイスブレーキングをねらいとして実施することもできます．

　また，「自由連想ゲーム」や「性格フィードバック」により，「まわりに本当の自分を知らせたい」という自己表現欲求を十分に高めておく必要もあります．自己表現欲求は深いレベルでの自己開示の動機として働くのです．

19 ポジティブ・フィードバック
肯定的構えを強化する

ねらい

　コミュニケーションの根底にあってコミュニケーションを方向づけているものに，個々人の基本的な構えがあります．基本的な構えは人の恒常的・持続的な反応傾向であり，パーソナリティの一部だといえます．バーン（Berne, E.）の研究に始まる交流分析では，自分と他者のそれぞれに対して肯定的であるか，それとも否定的であるかによって，人の基本的な構えを次の4つに分類しています（右図参照）．

　1つ目は「自分も他者もOKである」という自分と他者の双方に対する肯定的な構えです．2つ目は「自分はOKであるが，他者はOKでない」という自分には肯定的で他者には否定的な構えです．3つ目は「自分はOKでないが，他者はOKである」という自分には否定的で他者には肯定的な構えです．そして4つ目は「自分も他者もOKでない」という自分と他者の双方に対する否定的な構えです．

　これら4つに基本的な構えは，それぞれに特徴のある交流様式を生みます．まず，自分と他者の双方に肯定的であれば，自他を尊重し，他者と深いレベルで活き活きと交流することができます．それに対して自分に肯定的で他者に否定的であれば，他者を軽蔑して独善的となり，強制的・干渉的にかかわることになるのです．また，自分に否定的で他者に肯定的であれば，劣等感や自己嫌悪感を抱くことになり，他者との交流を回避するか，もしくは自己防衛的に他者とかかわることになります．最後に，自分と他者の双方に否定的であれば，虚無感や絶望感を抱き，他者との関係を閉鎖して孤立することになるのです．

　基本的な構えと交流様式との以上のような関係からみれば，もっとも望ましいのが自分と他者への肯定的な構えであることは，いうまでもありません．ここで紹介する「ポジティブ・フィードバック」では，参加者たちが互いに相手の肯定的側面を伝え合います．そうすることで，まわりの人に対する肯定的な

基本的な構えと交流様式

```
                  自己肯定
   自他の尊重      │   他者軽蔑，独善的
   活き活きとした交流 │   強制的，干渉的交流
他者肯定 ─────────┼───────────── 他者否定
   劣等感，自己嫌悪  │   虚無感，絶望
   回避もしくは防衛的交流│   閉鎖，孤立
                  自己否定
```

杉田（1976）を参考に作成

構えを強化するだけではなく，自己に対する肯定的な構えも同時に促すのです．

人数・所要時間

　一度に体験できる人数は 11 名から無限大です．各参加者は 10 名の相手からフィードバックを受けることから，最少でも 11 名の参加者が必要です．

　もしも参加者が 11 名を割る場合には，フィードバックの回数を減らすことになります．参加者が 10 名であれば各参加者は 9 名からフィードバックを受け，参加者が 9 名であれば各参加者は 8 名からフィードバックを受けることになるのです．ただし，人数が少なくなればなるほど効果も薄れるため，参加者が数名の場合には，実施を見送ることをすすめます．

　参加者が 11 名以上の場合の所要時間は，解説も含めて 30 分ほどです．

準　　備

　各参加者がシートを交換しながらそれに記入するため，参加人数分の机が必要です．机の配置は教室形式でもグループワーク形式でも構いません（165 頁）．

　主催者（もしくは進行役）は，参加人数分＋αのワークシート（167 頁）を用意しておきます．

　参加者には筆記用具（鉛筆と消しゴム）を持参してもらいます．

進め方

　各参加者にワークシートを配布します．
「ねらい」で述べたような趣旨を簡単に説明したうえで，進行役は参加者に次のように伝えます．

進行役　いま配布したワークシートに，ご自分の氏名と今日の日付を書いてください．

　　（全員が記入したことを確認して）
　　　　このシートを左右どちらでも構いませんので，隣りの人と交換してください．
　　（全員が交換したことを確認して）
　　　　それでは，氏名の欄に署名してある人，つまり，いま交換した人の肯定的な側面をひとつ探し，「私はあなたの○○が好きです」とか「○○であるあなたが私は好きです」などと，1行目に書いてください．外見的なことでも内面的なことでも結構です．「理屈っぽい」という否定的な側面も見方を変えれば，「理性的・論理的」という肯定的側面になります．「私はあなたのすべてが好きです」とは書かず，できるだけ具体的に書きます．
　　（全員が記入し終えたことを確認して）
　　　　それでは，記入し終えたシートを本人に戻してください．
　　（全員が戻したことを確認して）
　　　　次に，今度は前後の人でも構いませんので，だれか別の人とシートを交換してください．
　　（全員が交換し終えたことを確認して）
　　　　先ほどと同じように，交換した人の肯定的な側面を2行目に書いてください．
　　（全員が記入し終えたことを確認して）
　　　　それでは，記入し終えたシートを本人に戻してください．
　　（全員が戻したことを確認して）
　　　　さて，これからはいちいち指示を出しませんので，みなさんは自由に会場内を移動しながら，だれかとシートを交換して，残りの8行を埋めてください．よろしいですか．

教室形式の会場

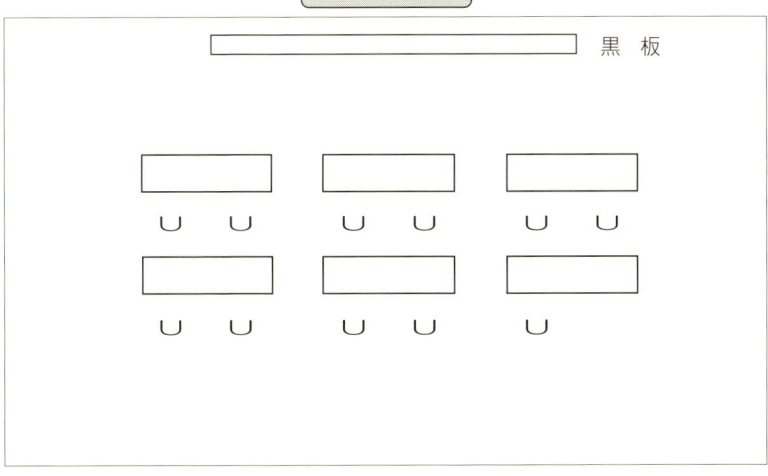

黒 板

グループワーク形式の会場

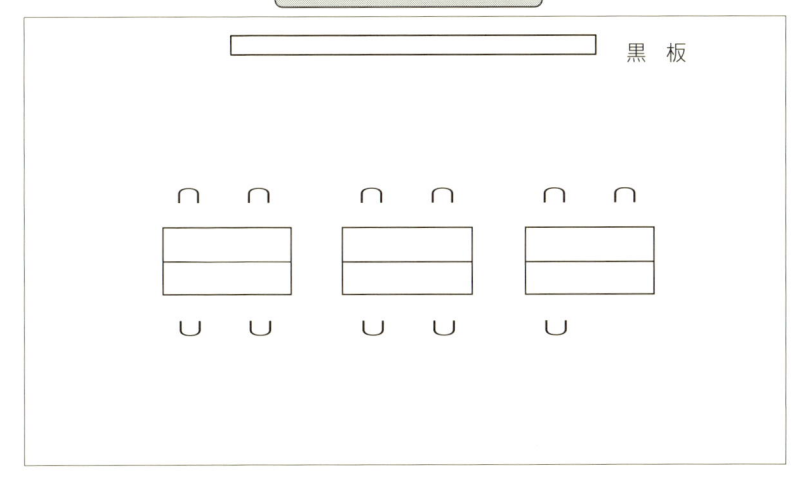

黒 板

（質問がなければ）
　　それではお願いします．
　　　：
（参加者の大半がすべての行を埋めたところで）
　　すでに10名と交換し終えた人は，まだ終わっていない人を探して，記入してあげてください．
（全員がすべての行を埋めたことを確認して）
　　10名の人から誉めちぎられることは，日常生活のなかではめったにないことですので，このシートは大切に保管しておいてください．

［補　　足］

　まったくの初対面で「ポジティブ・フィードバック」を行なえば，表面的なフィードバックとなりがちで，参加者も体験に満足できないでしょう．そのため参加者同士が出会ってからある程度の時間が経過し，交流を繰り返したあとのほうが効果的です．

　筆者は合宿などによる集中的なトレーニングの最後に，このポジティブ・フィードバックを試みることにしています．「性格フィードバック」や「守護霊プレイ」のあとに行なうと，参加者は白けることなく，フィードバックを楽しめます．

ワークシート

1．氏名の欄に署名し，ほかのメンバーとシートを交換します．
2．シートを交換した人の肯定的な側面を一つ探し，「私はあなたの○○が好きです」と，一つの行に記入してください．
3．記入を終えたら本人にシートを返して，また別のだれかと交換します．
4．2〜3を繰り返し，10行目まで埋めてください．

氏名	さんへ	日付： 年 月 日
1		
2		
3		
4		
5		
6		
7		
8		
9		
10		

20 いままでに出会った人々
肯定的構えを強化する

ねらい

　交流分析では，基本的な構えが，養育者をはじめとする他者との交流を通して，人生の早期（乳幼児期）に形成されると考えます．そして，いったん形成された基本的な構えは，先にみたような特定の交流様式を生み，それを繰り返すことによって次第に強化され，生涯を通した構えになるといいます．

　そのことから，自他を尊重できず，心をオープンにして活き活きと交流できない人は，乳幼児期まで人生をさかのぼり，他者との関係を振り返る必要があります．そして自分や他者に対する否定的な構えを修復できれば，コミュニケーションの改善へとつながるのです．

　ここで紹介する内観レポート「いままでに出会った人々」は，身近な人への感謝の気持ちを育てる内観療法の原理を応用したものです．数時間を費やして真剣に取り組んだ人の多くは，父母をはじめとする養育者に対して，さらには他者全般に対して，肯定的な気持ちを抱くことになります．

　これまでに紹介したトレーニングとは異なり，基本的には1人で取り組むことになります．ただし，気づいたことを体験者同士で分かち合うシェアリングを行なえば，相乗的な学習効果が得られるでしょう．

人数・所要時間

　一度に体験できる人数は1人から無限大です．
　時間は多く費やすほど効果的ですが，短くても90分は必要です．気づいたことを参加者同士で報告するシェアリングを繰り返しながら，終日取り組むのもよいでしょう．

準　　備

　参加人数分の机と椅子が必要です．机の配置は教室形式でも構いませんが，

壁際および窓際へ机を配置した会場

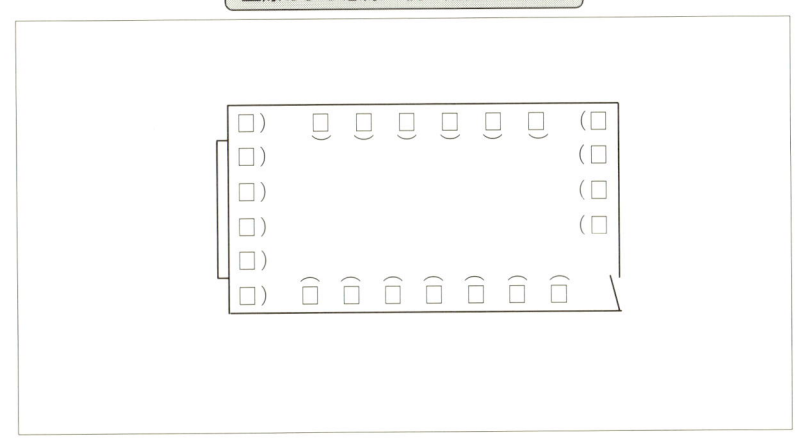

　会場の広さに余裕がある場合には，参加者がレポート執筆に集中できるよう，壁際および窓際に机を配置するのもよいでしょう（上図）。

　主催者（もしくは進行役）は，参加人数分＋αの「内観レポート記述例」を用意しておきます。

　各参加者にはレポート用紙1冊と，筆記用具（鉛筆と消しゴム）を持参してもらいます。

進 め 方

　各参加者に「内観レポート記述例」（171頁）を配布し，レポート用紙と筆記用具を準備してもらいます。

　「ねらい」で述べたような趣旨を簡単に説明したうえで，進行役は参加者に次のように伝えます。

進 行 役　いま配布した内観レポート記述例にならって，各自のレポート用紙に線を引いてください。

　　　（全員が線を引いたことを確認して）

　　　　乳児期からスタートし，各ライフステージごとに出会った人々を思い出して，その人の名前を左の欄に書いてください。書く順番は出会った順でも，思い出した順でも結構です。また実名でも，「友人A，友人B」でも構いません。

そして1人書くごとに，その人に「してもらったこと」と「してあげたこと」を，中央の欄と右の欄に書いていきます．箇条書きで結構ですから，思い出せるかぎりたくさん記入してください．当然してもらったはずのこと，たとえば「産んでもらった，ミルクをもらった」なども，たとえ覚えていなくても記入してください．

　　　出会った人々のなかには，たとえば父親や母親のように，多くのライフステージで何度も登場する人がいます．たとえ「してもらったこと」や「してあげたこと」が同じでも，一つのステージにまとめてしまわず，各ステージで繰り返します．乳児期や幼児期のことも，静かに瞑想すれば思い出せます．心を落ち着かせて取り組んでください．

　　　乳児期から現在まで，各ライフステージにつき，レポート用紙1枚以上は書いてください．何か質問はありますか．

参 加 者　「してあげたこと」が思い出せない場合には，どうしますか．

進 行 役　特に乳児期の「してあげたこと」は，記述しづらいでしょう．「ほほえんであげた」とか「かすがいになってあげた」など，してあげたはずのことを書いても構いません．どうしても書けない場合には空欄のままで，「してもらったこと」だけでも結構です．

　　　よろしいでしょうか．

　　　（ほかに質問がなければ）

　　　それでは開始してください．

補　　足

　瞑想しながらレポートに取り組むため，できるだけ静かな環境であることが望まれます．参加者同士の会話は，会場内では禁止しなければなりません．また「トイレ休憩などは必要に応じて自由にとっても構わないので，リラックスしながらも集中して取り組むように」と，参加者には伝えます．

　「自由連想ゲーム」や「守護霊プレイ」など，1人の進行役が一度に行なうには人数に限りのあるトレーニングでは，参加者たちをグループ分けして別々に行なわざるをえません．そのようなときに，この内観レポート「いままでに出会った人々」を同時進行させることで，入れ替え制のプログラムが可能になります．つまり，一方のグループには自由連想ゲームや守護霊プレイを体験してもらい，他方のグループには内観レポートに取り組んでもらうのです．

ワークシート

1．記述例にならって，各自がレポート用紙に線を引きます．
2．乳児期からスタートし，各ライフステージごとに出会った人々を思い出し，その人を左の欄に書いてください．実名でも，「友人A，友人B」でも構いません．
3．1人あげるごとに，その人に「してもらったこと」を中央の欄に，「してあげたこと」を右の欄に，思い出すかぎり箇条書きで書いてください．父親や母親のように，多くのライフステージで何度も出会っている人は，各ステージごとに繰り返し書きます．乳児期や幼児期のことも，静かに瞑想すれば思い出すことが可能です．心を落ち着かせて取り組んでください．
4．乳児期から現在まで，各ライフステージにつきレポート用紙1枚以上は書いてください．

〔内観レポート記述例〕
ライフステージ：幼児期①　　　　番号：003　　　氏名：平成　太郎

出会った人々	してもらったこと	してあげたこと
・母	・幼稚園の遠足のとき，忘れたお弁当を園まで届けてくれた ・喘息の発作が始まると，背中をさすってくれた	・ときどきお遣い（買い物）にいってあげた
・父	・幼稚園の父母参観に，仕事を休んできてくれた ・ときどき近くの公園で遊んでくれた	・父が疲れているとき，肩をたたいてあげた

ライフステージ：乳児期（出生〜1歳），幼児期（2歳〜小学校入学），
　　　　　　　　児童期（小学生時代），思春期（中学生時代），
　　　　　　　　青年期（中学卒業〜19歳），成人期（20歳〜現在）
出会った人々　：母，父，兄弟・姉妹，親類，隣人，友人，恋人，配偶者，
　　　　　　　　恩師，上司など

参考文献

諏訪茂樹「介護専門職のための声かけ・応答ハンドブック」中央法規出版，1992
諏訪茂樹「続 介護専門職のための声かけ・応答ハンドブック」中央法規出版，1996
諏訪茂樹「利用者・家族とのコミュニケーション」中央法規出版，1998
諏訪茂樹「援助者のためのコミュニケーションと人間関係」(第2版) 建帛社，1997
Schlosberg, H.: Three dimensions of emotion, Psychological Review 61 p81-88, 1954
井上忠司「まなざしの人間関係―視線の作法」講談社現代新書 1982
Rogers, C.R.: The necessary and sufficient conditions of therapeutic personality change, Journal of Consulting Psychology 21 p.95-103, 1957
Moreno, J.L.: Who shall survive? A new approach to the problem of human interrelations, Nervous and mental disease publishing co., 1934
国分康孝「カウンセリング教授法」誠信書房，1983
Egan, G.: Exercises in Helping Skills (3rd ed.) 1989. 福井康之・飯田栄訳「熟練カウンセラーをめざすカウンセリング・ワークブック」創元社，1992
Alberti R.E. & Emmons, W.L.: Your perfect right, Impact Publishers Inc., 1970. 菅沼憲治・ミラー・ハーシャル訳「自己主張トレーニング―人に操られず人を操らず」東京図書，1994
Blake, R.R. & Mouton, J.S.: The managerial grid, Gulf Publishing, 1964
三隅二不二「リーダーシップの科学―指導力の科学的診断法」講談社，1986
Hersey, P. & Blanchard, K.H.: Management of Organizational Behavior (3rd ed.) Prentice-Hall Inc., 1977. 山本成二ほか訳「行動科学の展開」日本生産性本部，1978
岩井浩一・石川中・森田百合子・菊地長徳「質問紙法エゴグラムの研究」心身医学 18(3) p210-217, 1978
Dusay, J.M.: Egograms; How I see you and you see me, Harper & Row Publishers Inc., 1977. 池見酉次郎監修・新里里春訳「エゴグラム―ひと目でわかる性格の自己診断」創元社，1980
杉田峰康「人生ドラマの自己分析―交流分析の実際」創元社，1976
増野肇「心理劇とその世界」金剛出版，1977

諏訪茂樹（すわ・しげき）
1987年法政大学大学院社会科学研究科修士課程修了．90年日本大学大学院文学研究科博士後期課程単位取得．99年日本保健医療行動科学会中川賞受賞．現在，東京女子医科大学看護学部人文社会科学系助教授．著書「集団心理ゲーム入門」「援助者のためのコミュニケーションと人間関係」「介護専門職のための声かけ・応答ハンドブック」「利用者・家族とのコミュニケーション」「対人援助とコミュニケーション―主体的に学び，感性を磨く」「看護にいかすリーダーシップ―状況対応とコーチングの体験学習」ほか

人（ひと）と組織（そしき）を育てる
コミュニケーション・トレーニング

著　者
諏訪　茂樹

発　行
平成12年11月10日　第1刷
平成16年 8月10日　第4刷

発行者
鈴木　正人
発行所
日本経団連出版
〒100-8188　東京都千代田区大手町1-9-4
日本経済団体連合会　出版教育研修本部
電話　編集 03-5204-1925　販売 03-5204-1922
振替　東京 00120-6-122864

印刷所
新富印刷

ⓒSuwa Sigeki 2000, Printed in Japan
ISBN4-8185-2009-8 C2034